JN086370

SPIRiTS：
リカバリーのための
性犯罪治療マニュアル

再犯防止と再出発のための支援スキーム

著

安藤　久美子
中澤　佳奈子
佐藤　美智子

星和書店

序　文

Ⅰ．はじめに

どうして性犯罪治療プログラムなの？

　みなさんはご存じでしょうか。実は，わたしたちの身の周りで発生する「犯罪」は2003年以降，急激に減少しており，2021年の犯罪発生率をみてみると，日本で犯罪の統計が集計され始めた1945年以降，最も低い数値となっています（図1　※一般刑法犯の検挙人員から推定）。しかし，そのような犯罪全体が減少しているなかで，ひとつだけ違った動きをしている犯罪があります。それは「性犯罪」です。たくさんの犯罪のなかでも「性犯罪」だけはむしろ増加傾向にあるのです。

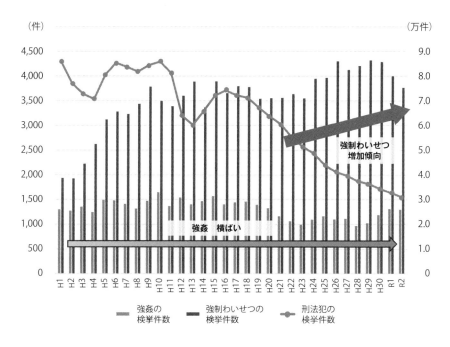

図1．性犯罪の検挙件数および刑法犯の検挙件数の推移
（令和3年版犯罪白書第1編第1章第1節を基に作成）

性犯罪の特徴は？　被害の大きさは？

　性犯罪は，ほかの犯罪よりも再犯者率（再犯者率とは，"検挙人員に占める再犯者の人員の比率"のことを指します）が高いことが知られており，過去に性犯罪を行った加害者が，繰り返し，同じような性犯罪を起こしやすいといわれています。その一方で，性犯罪は人としての尊厳を踏みにじる悪質な犯罪であり，性犯罪の被害に遭った人は，その1回の被害で一生苦しみます。それゆえ，被害者に非常に大きな苦悩を与え続ける「性犯罪」を一件でも多く減らしていくことは，社会全体が取り組むべき重要な課題であると考えています。

Ⅱ. SPIRiTS──開発からコンセプトまで

日本でも性犯罪者の治療は行われているの？

　わが国では，2004年に起こった児童を対象とした痛ましい性犯罪事件を契機に法務省が性犯罪に特化した矯正プログラムを立ち上げ，2006年からは刑務所や保護観察所等の矯正施設においても，性犯罪者を対象とした再犯防止のための治療プログラムが導入されています。

　しかし，多くのプログラムは障害のない人を対象としているため，知的障害や発達障害のある加害者にも実施可能な治療プログラムはごくわずかでした。また，地域社会においては，福祉サービス内において医師や心理士などの専門家でなくても実施できるプログラムはありませんでした。一方で，何らかの障害のある対象者による性犯罪は，小児や知的障害者などの社会的弱者が被害の対象になりやすく，さらには行動がパターン化しやすいといった特徴もあるため再犯につながりやすいことが知られています[1]。そこで，障害のある対象者にも取り組みやすいプログラムを開発し，地域の社会福祉サービスのなかで実践していくことが早急な課題であると考えました。

SPIRiTS って？

　そのような目的をもって，このたび私たちが開発した性犯罪加害者の
ための治療プログラムが SPIRiTS です。SPIRiTS とは，Sexual Offender
Preventive Intervention and Re-integrative Treatment Scheme を略した
もので，日本語では「性犯罪加害者の再犯防止と再出発のための治療スキー
ム」です。このプログラムには，以下のようなたくさんの利点があります。

---

①知的障害や発達障害のある者でも取り組みやすい内容になっています
②性犯罪の専門家でない多職種の方が実施するためのプログラムです
③通常の福祉サービスの環境のなかで実践できます
④対象者のニーズに合わせて，個別でもグループでも利用可能です

これまでの治療プログラムとの違いは？

　SPIRiTS のワークブックを開いていただくと，たくさんのイラストに
よって構成されていることがわかります。視覚的な支援を重視し，イラス
トを見ただけでも理解できるように工夫することで障害のある人にもわか
りやすい内容になっています。また，これまでは海外で開発されたプログ
ラムが利用されてきましたが，日本の風土や生活慣習にはそぐわない面が
ありました。さらに，社会福祉的な制度や支援体制も海外とは異なるため
に，そのままの形で導入することは困難でした。だからこそ，わが国の文
化とニーズにあったオリジナルの治療プログラム "SPIRiTS" が必要だっ
たのです [2, 3]。

実際に使用した例はありますか？

　本プログラムは汎用性についても重視しており，障害のない対象者にも，
障害のある対象者にも使用可能です。実際に，長崎県内の福祉施設の皆様
にご協力いただいて，初期版 SPIRiTS を使用したパイロット試験を終えて

います。パイロット試験では，プログラムの脱落者は一人もおらず，6人全員がプログラムを修了することができました。また，ファシリテーターはすべて施設のスタッフが担当・実施し，専門家でなくても実行可能なプログラムであることが実証されています。なお，スタッフの皆様からは，とてもわかりやすく，普段の支援にも活用できる部分があると高い評価をいただきました[4, 5]。

III. SPIRiTS が目指すもの

　本プログラムのコンセプトは，「性的知識の教育」「社会的コミュニケーションスキルの教育」「認知の歪みの修正」「被害者への共感性の向上」「マインドフルネス／ACT」「リラプスプリベンション」「グッドライブズモデル」からなる7本の柱（図2）で構成されています。これら7本の柱には，性に関する正しい知識や社会的ルールを正しく理解してもらう，社会性の向上，性加害行動に対する認知の変容，自尊心の向上，そして被害者の気持ちについても学び，最終的にはその個人にあった実現可能な目標設定（具体的な将来設計）を立てられるようにするねらいがあります。また，支援者・支援体制の構築を図っていくことも重要なねらいとしています。

　本プログラムの7本の柱が機能することにより，性犯罪や性的虐待行為の再犯防止につながっていきます。

　なお，本プログラムは，若年〜青年向けに作成しており，知的障害や発達障害の特徴のあるメンバーも理解しやすい内容となるよう工夫していますが，参加メンバーによって，適宜，アレンジしていただいて構いません。

　本書を手にとっていただいた皆様と協力し，プログラム対象者の再犯防止と社会への有効な再統合を目指した支援をしていきたいと思います。そうした一人ひとりへの働きかけが，将来的には性犯罪をなくし，平和な社会への一助となることを願っております。

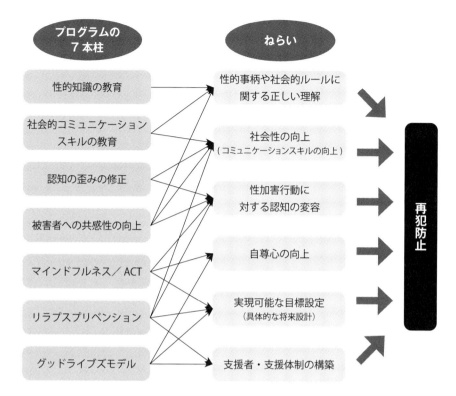

図 2. SPIRiTS の 7 本柱とねらい（文献 6 を翻訳）

文献

1) 安藤久美子：少年犯罪と発達障害．司法精神医学講座，第 3 巻司法精神医学・精神鑑定，253-266．中山書店，東京，2006．

2) 安藤久美子：我が国における性犯罪者治療の今──性犯罪者の治療介入アプローチ：SPIRiTS の開発と実践──．犯罪学雑誌 84（6），161-170，2018．

3) 安藤久美子：わが国における性犯罪加害者治療の現状と行方．子どもの虐待とネグレクト，2021；23（3）：280-288．

4) 安藤久美子：性犯罪者は治療できるのか──SPIRiTS を用いた挑戦．週刊医学のあゆみ，2021；276（9）：879-811．

5) 中澤佳奈子，安藤久美子：性犯罪加害者・被害者のアセスメントと治療アプローチ．精神科治療学，33（8），965-969，2018．

6) Kumiko Ando：A treatment strategy for sex offenders in Japan. Integrative Clinical Medicine, May 29, 2020, DOI：10.15761/ICM. 1000178

目　次

序章

SPIRiTS をはじめましょう
—— SPIRiTS 実施のためのガイダンス

内容

▌ I. SPIRiTS の構成・内容

　本プログラムは全20回，1セッション120分で構成されています。セッションでは，はじめに，前回セッションから当日までに各プログラムメンバーの身の周りで起こった出来事などを順番に発表してもらいながら，その日の気分や体調を確認します。次に前回のセッションで学習した内容の振り返りを行い，行動の変化などを把握しながら進行していきます。

　120分というととても長く感じられるかもしれませんが，この120分はこまめに休憩が取れるように時間配分されています。ただし，プログラムメンバーの特性に応じてさらに短時間で区切ったり，場合によっては1回のプログラム内容を2回に分けて実施したりするなど，適宜，工夫して活用していただいても構いません。

　そして，セッション終了時には毎回，簡単なホームワークがあり，セッション内容の定着を図っていく構成になっています。

▐▐▐ Ⅱ. SPIRiTS の対象者

1. 参加基準

　このプログラムは，障害のない方はもちろん，知的障害や発達障害のある方も取り組みやすくなっていますが，以下の基準を満たす方を対象としています。

 1）おおよそ年齢 11 歳以上

 2）以下のいずれかに該当する者

  ①おおよそ 11 歳以上で他者に影響を与えるような明らかな性的問題行動がある

  ② 18 歳以上で性犯罪歴がある

 3）おおよそ IQ40 以上（ウェクスラーや田中ビネー式の標準化された知能検査の IQ 値を目安としていますが，適宜，各プログラムメンバーの特性を重視して判断してください）

2. 除外基準

 1）プログラムへの参加が困難な身体疾患，重篤な精神疾患の併存，認知機能の著しい低下などが認められる場合

  ※精神病症状や希死念慮などの症状が急激に悪化する可能性がある精神疾患をお持ちの方や，認知機能の低下が著しい方の場合には，プログラムの効果が制限されていたり，参加に伴うデメリットが大きくなり過ぎることがあるため，プログラムに参加できない場合があります。

 2）プログラムを実施するスタッフやメンバーの支援者が，プログラム参加が難しいと判断した場合

  ※特別な理由（本人が参加を希望していても，病状や特性等を理由にプログラム実施スタッフや支援者から参加が認められない等）

により，プログラムへの参加が不適当と判断される場合があります。

3. プログラム参加の中止基準

1) プログラムメンバーの病状が著しく悪化し，プログラムへの参加が難しいとプログラム実施スタッフや支援者が判断した場合

2) SPIRiTS をグループ形式で実施している際に，グループの他のメンバーに悪影響を生じさせる場合
   ※グループ形式での参加が難しい場合には，個別に実施していただくことが可能です。

3) 本プログラムの対象となる性的問題行動あるいは性加害行為について，他の治療が必要であるとプログラム実施スタッフや支援者が判断した場合
   ※最終的な他の医学的治療の要否については，医師にご相談ください。

4) プログラムメンバーからプログラム参加について辞退の申し出や同意の撤回があった場合

5) その他，プログラム実施スタッフや支援者がプログラムの継続が困難または不適当と判断した場合

Ⅲ. SPIRiTS 参加のための同意取得

　プログラムを始める前に必ず本人や代諾者（親族等）からプログラム参加についての同意が得られていることを確認しましょう。プログラムの効果を高めるためにも，「このプログラムをやってみよう」という気持ち（モチベーション）が大切です。

1. プログラム対象者への説明と同意を得る方法

　本プログラムではプログラム対象者本人から文書による同意を得ます。プログラム対象者が 15 歳以下の場合は，内容をより理解しやすく説明したアセント文書 * を使用し，代諾者の同意も得ます。原則として，何らかの障害があっても本人に同意能力がある方を対象としていますが，同意能力が不十分と思われるプログラム対象者に対しては，代諾者からの文書による同意を得るようにします。

	11 〜 15 歳	16 〜 17 歳 同意能力 不十分	16 〜 17 歳 同意能力 十分	18 歳以上 同意能力 不十分	18 歳以上 同意能力 十分
アセント文書 *	○	○	×	○	×
本人の同意（IC）	×	×	○	×	○
代諾者の同意（IC）	○	○	（○）	○	×

Ⅳ. SPIRiTS：実施の手順と注意点

　本プログラムを実施するうえでの流れとポイントについて説明します。

　なお、本マニュアルは性犯罪治療の専門家でない人が実施しても一定以上の治療効果のレベルが担保されるように細かな解説が記載されていますが、様々な分野の専門知識を生かしながら、実施者それぞれが適宜工夫したり、言い回しを変えたりしていただいても構いません。

1．グループ構成

　本プログラムは、基本的にはグループワークで実施することを想定して作成されています。グループの構成人数は4人〜8人を推奨しています。しかし、グループワークになじめない方やグループ内での不適切な行為が続くメンバーに対しては特別なサポートが必要と考え、個別にプログラムを実施しても構いません。

　また、プログラムは、学習の順番を考えて構成されていますので、原則として途中からの参加はできません。もし、やむを得ない事情で途中からメンバーに加わるような場合でも、できれば第3回セッションまでに参加するようにし、グループ全体の進捗に合わせて、合流前までのセッション内容を個別形式で終了しておくことが必須となります。

2．実施頻度と期間

　グループワークは1，2週間に1回の頻度で実施していきます。プログラム全20回を終了するまでにかかる期間はおよそ5ヵ月〜10ヵ月になります。1回のセッションは120分を想定して作成していますが、メンバーが長時間集中して参加することが難しい場合には、適宜、休憩時間を設けたり、プログラム内容を2回に分けて実施することも可能です。

　セッションを欠席した場合には、次のセッション日までに個別に、欠席

した回のセッション内容を学習しておく必要があります。ただし，セッションを3回以上連続して欠席した場合には，その回のグループメンバーから除外することも検討してください。

3．グループワークの実施場所

　グループワークは，全20回を通して固定した場所で実施することが望ましいでしょう。実施時間は，できる限り日中の時間で設定します。

　また，プログラムを円滑（時間通りに落ち着いた気持ちで参加してもらう）に進行することに加えて，プログラム実施前後にトラブルなどの発生を予防するために，支援者らによる実施施設への送迎※（エスコート）を強く推奨します。

※施設入所者に対しては不要です。

4．実施体制

　グループワークの進行は，2名以上のプログラム実施スタッフ（ファシリテーター1名，サブファシリテーター1名）が担当します。ファシリテーターは全20回を通して，同一スタッフが行うことが理想的ですが，複数の支援者が交替して実施することでも構いません。ただし，その場合でも，できるだけ前回セッションの内容やメンバーの様子について把握しておき，連続性が保たれるようにしましょう。

　また，メンバーに関する情報は，小まめに共有し，プログラムの進捗状況やメンバーの理解度を十分に把握したうえで進めていくことが大切です。

5．教材の取り扱い

　ワークブックは，セッションの期間中だけでなく，セッション終了後も適時適切に使用できるよう保管方法についても指導を行ってください。

V. SPIRiTS：個人情報の取り扱いについて

1．情報漏洩防止

本プログラム運用中の情報漏洩の防止については次のように扱います。

1) ファシリテーター及びサブファシリテーター，また，プログラムメンバーの支援者は，SPIRiTS に参加することによって知り得た情報について，何らかの法的機関から情報提供を依頼されたり，またはメンバーの心身や生活に支障をきたすおそれがあるような場合でない限り，厳格に守秘義務を守ります。

2) 第 1 回セッションのなかでプログラムに参加するにあたって守るべきグループ内のルールを設定しています。個人情報の取り扱いについては，そのなかでも触れており，全セッションの前にルールを確認する流れになっていますので，毎回，メンバー全員に対して「他のメンバーがプログラム内で話した情報は秘密にする」ことを確認してください。また，必要に応じて，守秘義務があることは何度でも伝えていきましょう。

▍ Ⅵ. SPIRiTS実施者の心がまえ

　本プログラムの開発で最も重視してきたことの一つは，専門家でない方であってもプログラムの実施が可能であるという点です。ですから，地域の精神保健や社会福祉に関わるスタッフなど，犯罪や心理の専門家でなくても誰でも実践可能なプログラムとなっています。また，セッションでメンバーが使用するワークブックを基にして，ファシリテーターやサブファシリテーターがグループワークにうまく取り組めるような「ファシリテーターマニュアル」も作成しておりますので安心して実施することができます。

　ファシリテーターやサブファシリテーターを担当される方は，次に示すいくつかのポイントに留意しながらファシリテーターマニュアルに沿って，プログラムを進めていきましょう。

1．スタッフ間の連携

　プログラム内容をメンバーに定着させるためには，ファシリテーターおよびサブファシリテーターとなるスタッフが「SPIRiTS」の内容をよく理解したうえで，互いに連携しながらセッションを進めることが重要です。また，セッションごとにスタッフが変更となる場合はメンバーについての情報共有を密にし，セッションの進め方についても事前に打ち合わせをしておく必要があります。

2．ファシリテーター，サブファシリテーターの姿勢

1）プログラムの進行

　セッションのはじめにその回で学ぶポイントや，プログラム進行にあたっての時間配分の目安が提示されていますので，そうしたガイドを参考にしながらセッションを進めていきましょう。特にメンバーが自身の話題

で長時間を費やしたり，話題が脱線したりすることで予定されたセッション項目を終えることができないようなケースも考えられますので注意が必要です。しかし，そのような場合でもメンバーの疲労や集中力の低下などに配慮し，必ず休憩を取るようにしてください。

2) 基本姿勢

　ファシリテーターおよびサブファシリテーターは<u>メンバーの意見や反応に対し，否定や批判をせず，まずは受容するよう</u>努めます。メンバーに対し「○○の意見は違う」「そういう考えは変えるべき」等の非受容的な態度をとると，メンバーを萎縮させたり，セッションの理解や個人の成長を阻害する可能性があります。メンバーの意見に同意する必要はありませんが，まずは，メンバーの意見を受け入れ，メンバーの思考や行動を理解しようとする姿勢が大切です。

　また，各メンバーが自ら考え，気づくという作業もプログラムの効果に非常に重要な要素となります。ファシリテーターやサブファシリテーターはメンバーの成長の変化を逃さないようサポートに努めるようにしましょう。

3) セッションの雰囲気づくり

　セッションでメンバーの中にある考えを引き出し，自身の気づきを促すことはとても大切です。グループの中では自分の意見を発表しやすいようにニックネームを使用します。また，ファシリテーターおよびサブファシリテーターも，あらかじめ設定したニックネームで呼び合います。セッションは，はじめに最近1週間の出来事を共有することから始め，話しやすい雰囲気を作りながらセッションを進めていきます。また，セッション中は「はい」「いいえ」では回答できない「開かれた質問」や未来に焦点を当てる「未来質問」，肯定的な言葉を使って行動を促す「肯定的な質問」を使いながら進めるよう心掛けてください。これらの質問を通してメンバーは具

体的でより前向きな回答を見つける機会が増え，結果的にメンバー自身の
成長や目標の実現につながっていきます。

<質問例>
開かれた質問
　・この1週間で一番楽しかったことは何ですか
　・あなたは誰と一緒に映画を見に行きたいですか
未来質問
　・これからの人生で挑戦してみたいものは何ですか
　・この行動を実行するには何が必要だと思いますか
肯定的な質問
　・この計画はいつから実施しようと思いますか
　・どうしたらこの行動を続けられると思いますか

4）メンバー間の相互作用を引き出す

　本プログラムはグループワークで行うため，セッションを通してメン
バー間のさまざまな意見や考えを聞くことによる相互作用が期待できま
す。セッション中，ファシリテーターは質問に対し，各メンバーが自分の
意見や考えを話しやすいようにサポートすることが大切です。例えば「○○
さんはそう感じたのですね。では，△△さんはどう感じましたか？」とい
うように，ファシリテーターが答えを出さずに他のメンバーに問いかけた
り，出された意見そのままの発言を引用して返答することでメンバーの意
見を傾聴している姿勢を伝えていくとよいでしょう。そうすることで，メ
ンバー間でも互いの意見や考え方を真摯に聞く姿勢や，メンバー自身が
テーマについてより深く考える姿勢を引き出すことにもつながっていきま
す。

5）メンバーの反応を確認する

　ファシリテーターやサブファシリテーターは常にメンバーの反応に注意を傾けてください。反応によっては少し説明を加えたり，セッションの進行速度を調整する必要もあります。また，メンバーに前向きな発言や行動があった時には，見逃さずに賞賛し，成長をサポートしていきます。

　前向きな思考や行動への変化には個人差がありますので，個々のペースに合わせてサポートすることを心掛けていきましょう。

3．セッション進行にあたっての留意事項
1）発言しすぎるメンバーがいる場合

　「なるほど，そう考えたのですね」「これからそのように行動していこうと思っているのですね」などと，まずは発言内容を受け止めたうえで，「今の○○さんの話を聞いて，みなさんはどう思いますか」「他の方の意見も聞いてみましょう」などと他のメンバーからも意見を促していきます。なかなか他のメンバーから自発的な発言が出てこない場合には，ファシリテーターがサポートしながら他のメンバーに意見を求めるなど工夫して，同じメンバーの発言が続かないようにしましょう。

2）話題が逸脱した場合

　ファシリテーターはセッションの目的を再び告げて，確認することによりグループメンバー全員の関心と注意を本題に戻しましょう。

3）話すことが苦手なメンバーへの対応

　考える時間や他のメンバーの発言を観察する時間を十分にとってください。サブファシリテーターは常にメンバーの様子をよく観察し，他のメンバーの発言に対して，何らかの反応が見られたメンバーがいれば，その様子をファシリテーターに伝えたり，あるいはサブファシリテーターがその

メンバーをサポートしながら発言を促します。ファシリテーターは回答しやすい質問に切り替えて，メンバーを指名してみるのもよいでしょう。

　緊張が強いメンバーに対しては，セッション前の段階で，ウォーミングアップのためにプログラムと関係のない話題を挙げて話しかけたり，グループ全体に対してミニゲームなどを取り入れて緊張をほぐしておきましょう。

4）内容の理解に時間がかかるメンバーへの対応

　グループワークでは各メンバー間でセッション内容の理解度やその速度に違いが生じることがあります。しかし，各回のセッション時間には限りがあるため，理解に時間がかかったり，誤った理解をしている可能性のあるメンバーに対してはセッション後に必ず個別に再確認や補習をする必要があります。ファシリテーターやサブファシリテーターは，宿題の取り組み状況やセッション内での発言や反応などから個々のメンバーの理解度を把握し，メンバーの支援者らに情報提供するとともに，個別フォローの要否を伝えてください。

5）被害体験を有するメンバーへの対応

　グループの中には自身に被害体験のあるメンバーがいることもあります。また，自身の被害体験が一因となり加害行為につながってしまった可能性もあり，メンバーの被害体験は非常に繊細で重要な問題です。そのため，他のメンバーがいるセッションのなかで被害体験に関する話題を深めることは避けた方がよいでしょう。なお，円滑な進行のためにも，メンバーの被害体験の有無については，事前にできる限り把握しておくことが必要です。

　一方で，メンバー自身がグループワークのなかで過去の被害体験について話しはじめる場合もあります。そのような場合には，ファシリテーターはまずは共感的に受け止めたうえで，とても大切な内容であるため別の時

間に個別に丁寧に対応したい旨を伝え，セッション自体を軌道に戻すような適切な声掛けを行います。セッション後には，必ず被害体験に関する面談の時間を設けて下さい。

　メンバーそれぞれの力を信じ，再び同じ行動を起こさないという目標に向けてサポートしていきましょう。

第 **1** 回

プログラムを
始めるにあたって

目的

・グループとグループメンバーに慣れる
・ルール作りを行い，プログラムへの動機づけを
　高める

内容

❶自己紹介
❷グループの構造の説明
❸プログラムに参加する理由の明確化
❹プログラムのルール決め

準備するもの

・なし

**プログラムを始める
みなさまへ**

・ワークブック2ページに
　沿って進める
➡目的
➡枠組み
　（セッションの流れ）
※「1週間の振り返り」は
　毎セッション必ず行う

> ワークブック2ページ

ゆっくりと説明する。漢字などは区切って読
み上げるなど，メンバーが理解しやすいように
工夫する。

補足　時間配分は，メンバーの参加の様子や理解
度などを確認しながら，適宜調整する。
　プログラムが多少早く終わることは問題な
いが，1時間半以上は行うようにする。それ
よりも早く終わる場合は，内容の説明が不十
分であったり，グループワークがうまく進行
していない可能性がある。一方で，2時間よ
り長くなることも，参加者の集中力が続かな
かったり，帰りのスケジュールに影響したり
するため，できるだけ時間内に収めるように
する。セッションプログラムが終了しなかっ
た時には，個別に別の時間を設定して，
終わらなかった内容を実施する。

「全部で20回行いますが，ここまでで心配
なことや聞いてみたいことはありますか？」

メンバー：休んだ時はどうしますか？

「休んで大丈夫です。体調が悪い時は無理
に来る必要はありません。でも休んだ分はス
タッフに個別に復習してもらう必要がありま
す。また，20回中10回も休みがあったなど，
たくさん休んでしまうと，次のクールの第1
回目からもう一度参加してもらうことになる
かもしれません。できれば体調管理にも注意
して，休まないで毎週お会いできると私たち
も嬉しいので，頑張っていきましょう」

「他には？　質問はいつでもしていいので，
何でも相談してください。もしこの場で聞く

のが恥ずかしい場合は，終わった後にファシ
リテーターに声を掛けたり，エスコートして
くれるスタッフさんや支援者の方に聞いても
らっても大丈夫です」

「では次のページにいってみましょう」

ワーク①　45分　

I. 自己紹介
・ワークブック3ページに
沿って進める

1 自己紹介　8分

➡3ページの自己紹介を
記入する（5分）
➡ファシリテーターが
自己紹介をする（3分）

ワークブック3ページ

すぐに思い浮かばなさそうであったり，記入
が難しそうなメンバーには，このページのみ事
前に渡しておき，書いてきてもらってもよい。
あるいは，文章で書くのが難しい場合は，事前
のアセスメント面接の際などに趣味などを聞い
て，ファシリテーターに情報を提供しておく。

補足　自己紹介は多少時間がオーバーしてもよ
い。時間を守ることより，メンバー同士が親
しくなることを目的として重視する。

「自己紹介では自分の本名を名乗る必要は
ありません。また，このグループではニック
ネームでお互いを呼びます。自分で好きな
ニックネームを考えてみてください。ニック
ネームは3ページの『わたしのニックネーム
／名前』という欄に書いてください」

ファシリテーターは巡回して，手が止まって
いたり，困っているメンバーがいたら適宜声を
掛ける。
初めにファシリテーターが自己紹介をする。

「それでは，これから時間を取りますので，みなさんも書いてみてください。すべての自己紹介が埋まらなくても大丈夫です。でも，『行ってみたい所は』『100万円あったら』という欄は，頑張って書いてみましょう」

2 グループのメンバー 22分

・ ワークブック4ページに沿って進める

➡ 一人ずつ自己紹介をする（一人当たり3分程度）

➡ 他のメンバーの自己紹介を聞きながら，名前，ニックネームなどをワークブック4ページにメモする

(ワークブック4ページ)

「それでは，今から発表してもらいます。みなさんは，発表を聞いて，○○さんの好きな食べ物は……など，印象に残ったことをメモに書いてみてください」

　サブファシリテーターは，メンバーの発表を聞きながらニックネームや趣味などを適宜ホワイトボードに書き出す。ファシリテーターは，メンバーがお互いの顔を覚えたり，名前をメモできるように，発表する時はゆっくり話すよう声を掛けたり，ホワイトボードにも目を向けるように促す。

　サブファシリテーターは，最後に記入済みの『グループのメンバー』のページをコピーして配るとよい。

補足 ①趣味や好きな食べ物などたくさんの特徴が出た場合は，ファシリテーターが1つか2つのみピックアップして，「では，○○さんは好きな食べ物が□なので，メモに□と書いておきましょう」などと，その内容をメモに書くように伝える。もちろん，その他に印象的な特徴があれば，適宜自由にメモしていいことも伝える。

②NGワード（「行ってみたい所：混浴」など，性や性加害行為を連想させるもの）が

出た場合は，ニュートラルな言葉に言い換えて（「じゃあ温泉ということにしましょうか」など）その場では不適切な発言を指摘しない。必要があればセッション終了後に個別に対応する。

③趣味など，多弁で説明が長くなってしまうメンバーには，適宜「わかりました，じゃあ次に進みましょう」と，はっきりと伝え，説明を止める。

④難しいニックネームは，省略するなどして覚えやすいものに変える。

⑤嫌いな食べ物が多いメンバーがいた場合，発達障害の味覚過敏の可能性もあるため，ファシリテーターはチェックしておく。その他気になった特性もメモしておいて，サブファシリテーターとアフターミーティングを行い，次回のファシリテーターに申し送りしておく。

「ありがとうございました。大体みなさんの顔と名前がわかりましたね。これからは，今発表で聞いたニックネームで呼び合いましょうね」

II.1 週間の振り返り
・ワークブック5ページに沿って進める

3 1 週間の振り返り

15分

➡ファシリテーターが説明する

最近1週間にあった出来事を，メンバー一人ひとりが発表する。

1週間の振り返りは，参加メンバーの日常生活の様子を知るうえで重要である。ファシリテーターは，毎回の発表を聞きながら，各メンバーの特徴（イライラのトリガーや対人関係の範囲など）を把握していくとよい。

➡それぞれワークブック
　5ページの吹き出しを
　記入する
➡一人当たり1〜2分程度
　で発表する

ワークブック5ページ

「それでは1週間の振り返りをしてワーク
の吹き出しの部分に出来事とその出来事に対
する気持ちを記入してみましょう」

　サブファシリテーターが巡回し，適宜サポー
トする。

「『この1週間，何があったかな』というこ
とを毎回聞いていきたいと思います。『次の
セッションの時にはこれを伝えようかな』と
いうことを，いつも考えていただければと思
います。もちろん，ホームワーク（宿題）で
はないので，考えてくるのを忘れていても大
丈夫です。ただ，毎回忘れていると残念な気
持ちになるので，できれば，こんな出来事が
あったということを考えておいてください
ね」

補足　①メンバーの発表内容がネガティブなもので
　　　　あった時は掘り下げすぎないようにする。
　　　②ファシリテーターは，メンバーが話しやす
　　　　いように適宜相づちを打つなどしてもよい
　　　　（「いつもに比べて，良い1週間でしたか？」
　　　　など）。

　ファシリテーターは，それぞれの発表の終わ
りに拍手をするように促す。メンバー全員が発
表したら，この振り返りは毎週続けていくこと
を再度説明する。

「次回も聞こうと思いますので，これから
の1週間の出来事を，メモをしたり，覚えて
おいてください」

休憩 10分

| 休憩 | 休憩に入る直前に，後半が○時○分から始まる，と明確に伝える。 |

ワーク② 55分

Ⅲ. プログラムに参加する理由

4 どんなグループでしょうか 20分

・ワークブック6ページに沿って進める

➡ページ上段（「誰のため？」「何のため？」）はファシリテーターから説明する（5分）

➡下段の「グループに参加している理由」を各自記入する（5分）

ワークブック6ページ

適宜メンバーに質問してみる。

ファシリテーターが説明したプログラムの対象（誰のため？）と目的（何のため？）については，メンバーが自分で上段の枠の中に記入する。

「グループに参加するまでにいろいろ説明を聞いてきたと思いますが，改めてこのグループを，誰のために，何のためにするのか考えてみたいと思います」

「『誰のため？』『何のため？』の部分について，私からお話ししたいと思います。ここに集まっているのは，性に関する問題を持った方，それは犯罪行為であったり，もしくは性に関してこだわりがあって，問題行動になっている方もいるかもしれません」

「そうした問題がこれからもっと大きな問題になるのではないかと心配な方にも集まってもらっています。ですから6ページの『誰のため？』の部分には，『性に関する問題のある人』と記入してください」

「では，何のためにグループワークを行うのか，思い浮かぶことはありますか？」

「性に関する問題は，相手がいることなの
で，被害者，相手を傷つけることをしないた
めという意味もあります。また，自分自身が
うまく生きていくためや，家族や自分の周り
の誰かを傷つけないという意味もあります。
6ページの『何のため？』の部分には『性犯
罪をしないため』『誰かを傷つけるようなこ
とをしないため』の2点を記入しましょう」

【答え】
■誰のため？
・性に関する問題のある人
■何のため？
・性犯罪をしないため
・誰か（被害者やあなたの周りの人たち）を傷つけるよ
　うなことをしないため

　記入したプログラムの対象と目的を基に，自
分がグループに参加している理由を下段の枠の
中に記入してもらう。

　サブファシリテーターは必要に応じて下段の
枠の中に適宜ホワイトボードに記入する。

「今記入した『誰のため？』『何のため？』
を参考に，自分が今回このグループに参加し
ている理由を6ページ下段の枠の中に記入し
ましょう」

➡グループで内容を共有
　する（10分）

　ファシリテーターは見回りながらメンバーの
回答をチェックして，良い意見のメンバーのみ
を指名して発表してもらう。全員が良い意見で
あれば全員を指名する。

①意欲的なメンバーがいれば，発表しても
　らってもよい。

②メンバーが手を挙げて発言したことは基本
　的に採用して，モチベーションを上げるよ
　うにする。

③ファシリテーターが指名して，メンバーが
　嫌々話すということにならないようにす
　る。

④抽象的な回答（悪いことをしたから，など）
　の場合，ファシリテーターは，「悪いこと」
　の内容を具体化する質問をする（「○○さ
　んの思う『悪いこと』はどんなことです
　か？」など）。

⑤自分よりも前に発表した人と内容が重なっ
　てもよいことを伝える（<u>メンバーそれぞれ
　が話すことが大切</u>）。

⑥グループの人数が多い（6名以上）の場合
　は，2グループなどに分けて，まず小グ
　ループで共有し，全体で共有，といった流
　れでもよい（メンバー間のやり取りを増や
　すため）。

【想定される内容】
・性的な問題があるから
・性犯罪をしないようにするため
・参加するように言われたから　など

Ⅳ. プログラムの　ルール決め

5 ルールを　決めましょう 30分

・ワークブック7～9ページ
　に沿って進める
➡上段を各自記入する
　（5分）

「それでは，プログラムを気持ち良く進め
るために，グループのルールを決めていきた
いと思います」

「ワークブック7ページに見本があります
ので，このようなかたちで，私たちのグルー
プだけのルール作りをしましょう。」「みなさ
んはどのようなルールがあったら，よいと思
いますか？」

9

「少し時間を取るので，1，2，3，4の部分に思いついたルールを記入してみてください」

ファシリテーターは巡回して，なかなか記入できないメンバーに適宜助言をする（2分くらい経っても何も書けない場合など）。

補足

①声掛けをする場合，小声で，さりげない感じで話しかける（「相手のどんな態度は嫌だなと思いますか？」「こうしてくれると嬉しいというのはどんなことですか？」など）。

②声掛けをしたメンバーの内容はファシリテーターが助言しているため模範解答のはずなので，ルールを共有する際は必ず指名するようにする（「その考え，いいですね」など声掛けをして，動機づけにつなげるため）。

③グループの人数が多い（6名以上）場合は，2グループなどに分けて，まず小グループで共有し，全体で共有，といった流れでもよい（メンバー間のやり取りを増やすため）。

➡グループ全体で共有・話し合いをする（20分）

メンバーに文章を読み上げてもらう。

「では，ルールを思いついた人はいますか？　手を挙げて読み上げてみてください」

「発表を聞いて，もし自分が考えていなかった内容があったら，メモしておきましょう」

サブファシリテーターは，メンバーから提案

されたルールをホワイトボードなどに書き写す。他のメンバーが発表したルールと重なってもよいことを伝える。他のメンバーが発表したルールで，良いと思ったルールがあれば，自分が考えたルールの下の欄に記入するよう伝える。メンバーが発表した内容は，必要に応じてファシリテーターが置き換えをする（「無視されたくない」→「相手の話をちゃんと聞くということですか？」など）。

補足 ①少人数グループでの共有後にグループ全体で共有する場合は，小グループで良いと思ったルールを３つほどに絞り，全体で共有する。

②最初は一人１つ，と決めて順番に発表する。一巡したところで，他にアイデアのあるメンバーがいれば，挙手制で発表を求める。

③共有している中で，他のメンバーの発表を聞いて，いいなと思った内容があれば，メモするように伝える。

想定されるルール案の内容は，すべてルールに盛り込まれるようにする。メンバーから出なかった場合は，ファシリテーターやサブファシリテーターからのアイデアというかたちで提案する（「サブファシリテーターの○○さん，何か意見はありますか？」→「私は……だと思います」「私は遅刻しないっていうのもルールに入れて欲しいんですけど，いいですか？」など）。

【想定されるルール案】

・相手の話をきちんと聞く（きょろきょろしたり，笑ったりしない）

・相手の話を途中でさえぎらない

・遅刻をしない

・他のメンバーの発表を否定しない　など

　ファシリテーターは，メンバーから出た案をまとめながら，ルールを5つに絞り，最終的にこれでよいかメンバーに確認する。

　なお，メンバーがあげたルールのうち，内容が重複しているものがあれば，ファシリテーターがひとつに集約する。また，ルール内容が細かすぎる場合，汎用できない内容になっている場合，ルールが6個以上にわたっている場合にも，ファシリテーターがある程度ルール内容を修正（解釈），選別し，5つにまとめる。

　また，ファシリテーターは，あらかじめワークブック10〜11ページに記載されている約束事などの内容を確認し，当該グループでのオリジナルルールを決める際に，メンバーから提案されたルールに加え，同内容が含まれるよう導くことが望ましい。（これにより，ルールの数を最小限に減らすことができる）

「たくさんルールがありすぎてもわからなくなってしまうので，5つくらいに絞ってみましょう」

➡決まったルールを
ワークブック 9 ページ
「グループのルール」
に記入する（5分）

**6このプログラムで
の約束事** 3分
・ワークブック 10 ページ
に沿って進める

ワークブック 10 ページ

「決まったルールをワークブック 9 ページ
に記入しましょう」

　ゆっくりと説明する。既にメンバーから提案
されている内容と重なっている場合は，「みな
さんが決めたルールにもありましたが……」と
伝えながら，絶対に守って欲しいということを
強調する。
　「6このプログラムでの約束事」は，特に重
要であることを強調する。

「ファシリテーターからの約束も考えてあ
ります」

　「今みなさんに，このプログラムのための
ルールを考えてもらいましたが，それ以外に
も，ここを守ってもらえると，みなさんが
もっと目標を達成できると思うことがありま
すので，私たちからもプログラムの約束を説
明しますね」

　「休んでしまうことがあっても構わないで
すが，できれば休まず参加してください。本
当に何か具合が悪くなってしまった時は，支
援者の方に相談してください。なるべく最後
までみんなで終われるようにしたいと思って
いるので，協力してください」

　「すごく重要なことなのですが……お互い
に守らないと，自分も守られないことになり
ますので，お願いします。もちろんファシリ
テーターの私たちも，みなさんから聞いたこ
とは，外で話したりしません」

７このプログラムで お願いしたいこと

2分

- ワークブック11ページに沿って進める
- ➡メンバーで決めたルールとともに、守ってほしいグループの決まり事について説明する

ワークブック11ページ

「**７**このプログラムでお願いしたいこと」は、メンバーに読み上げてもらう。

補足

① 『2. 自分の考えや気持ちを正直に話しましょう』については、「これからのセッションでは、○×クイズや、みなさんの考えを尋ねるワークがたくさんあります。もちろん、間違えたら恥ずかしいなとか、みんなと意見が違ったらどうしようとか、心配になって当然だと思います。でも、先ほども説明したように、このプログラムは性犯罪をして自分や誰かを傷つけないように、考えや行動を変えていくことを目的としています。ですので、本当はそう思っていないのに、こう答えた方がいいだろうなとか、みんなはこう答えるだろうなと想像して答えるのではあまり意味がありません。答えが間違っていたからといって、誰も責めたりしませんので、思ったことをそのまま正直に話してくださいね」と伝える。

②その後のセッションにおいて正直に話していない様子のメンバーがいれば、適宜同様の説明をする。必要に応じて個別対応も検討する。

セッションのまとめ 　5分

セッションのまとめ

3分

➡「プログラムに参加する
理由」の振り返り

　ワークブック6ページを見ながら，①どんな
人が，どうしてこのプログラムに参加するのか，
②メンバーがプログラムに参加する理由を振り
返る。

> 「そろそろセッションの終わりに近づいて
> いますが，心配なところや『ここ，わからな
> かったな』というところはなかったですか？」
>
> 　（「トイレに行きたくなった時はどうしたら
> いいですか？」という質問が出た場合は）「な
> るべく休憩時間に行ってもらえるとありがた
> いですが，セッション中も行きたくなったら
> 遠慮せずに言ってください」

補足

①メンバーがトイレに行っている最中は，
　セッションの復習をするなどして，内容を
　進めずに待つ。

②稀にトイレでマスターベーションをした
　り，そのまま帰ったりしてしまう人がいる
　ため，必ずエスコートのスタッフや支援者
　がついていく。誰もいなければサブファシ
　リテーターがついていくが，ファシリテー
　ターが部屋に一人になる環境は避けた方が
　よいため，なるべくサブファシリテーター
　が外に出ないで済むようにする。

③病気の関係で尿のコントロールが難しい人
　もいるため，事前の面接などで情報を収集
　する。

※タバコ休憩について：セッションの2時間
　は吸わないというのを暗黙のルールにした
　方がいいが，イライラするなど悪い影響が出
　そうな場合は，適宜考えていく必要がある。

➡️グループのルールの
確認

ワークブック 9 ページ「(メンバーで決めた)
グループのルール」と，10，11 ページ「(ファ
シリテーターから守ってほしい) プログラムの
約束とお願いしたいこと」を確認する。メン
バーに読み上げてもらってもよい。

ホームワーク① 1分
・ ワークブック 12 ページ
　に沿って進める
➡️「このプログラムで
　知りたいこと，
　期待すること」の説明

メンバーが知りたいことや，プログラムに期
待していることを自由に書いてほしいと伝え
る。

ワークブック 12 ページ

補足 ①最初のホームワークは，プログラムへの動
　　機づけの確認にもなる。
　　②ホームワークで記載する内容は，メンバー
　　のアセスメント（生活状況や過去の経験な
　　ど）に役立てられる。

**次回の予定
（プログラム実施日時）
の確認** 1分

次回のプログラム実施日時を伝え，メンバー
が理解していることを確認する。この際，下記
のようにいくつかの大切なルールについては注
意喚起を行うとよい。

では，みなさん，本日もお疲れ様でした。
次回のプログラムは○月○日○時からです。
ここでお話した内容は，みなさんの大切な個
人情報です。プライバシーに関わる内容も含
まれますので，ここで聞いたことや話したこ
とは，支援者以外には話さないようにお願い
します。ワークブックは大切に保管して，次
回に忘れずにお持ち下さい。では，次回もみ
なさんにお会いできることを楽しみにしてい
ます。遅刻しないようにね。

第 **2** 回

こころとからだの成長と
性の健康

目的

・からだの器官の名前や働きを理解する
・正しい性行為と性感染症について知る

内容

❶第１回の振り返り：グループに参加する理由，プログラム
　のルール決め
❷からだのことを知ろう
❸性行為と性感染症

準備するもの

・なし

1 週間の振り返り

10分

➡前回のセッションから
の1週間にあった出来事
をメンバー一人ひとり
が発表する

➡最初に1～2分程度
どんなことを話すか
考える時間を作る

➡ウォーミングアップな
ので，ごく簡単に一人
当たり1～2分程度で
発表する

「それでは，前回も説明しましたように，
この1週間にどんなことがあったか聞かせて
ください」

　例として，ファシリテーターが最初に発表す
る。ファシリテーターは，毎回，メンバーの発
表を聞きながら，各メンバーの行動傾向や変化
などを把握していく。

補足

①順番は希望者からでもよいが，全員が話せ
るように，順に当てる形式でもよい。

②すぐに発表できる人から発表してもらい，
その間に，他の人にも考えてもらう。

③どのように話したらよいか戸惑っているメ
ンバーには，ワークブック5ページを参考
にできることを伝える。

④誰からも手が挙がらなかった場合には，
ファシリテーターがサブファシリテーター
を指名して，見本を見せる。

⑤考えてこなかったなど，発表できないメン
バーがいても，ホームワークではないため
強制はしない（但し，3回以上連続でまっ
たく考えてこなかった場合には，セッショ
ン終了後，モチベーションを高める働きか
けを行う）。

⑥もし身内に不幸があったなどのエピソード
が出れば，すぐに帰っていいことを伝える
が，メンバー自身が頑張って参加すると
言った場合は，感情の揺れなどに注意しな
がら，無理をさせないように配慮する。

⑦プライベートなことを話してしまう人には，
サブファシリテーターが適宜声掛けをする。

復習　12分

復習　12分

第1回の振り返り

➡ワークブック9ページのルールを確認する

➡前回学んだ内容については，補足に記載されているページについて，ファシリテーターが読み上げながら確認する

※適宜，必要なところで「ホームワークの確認」をしても構いません

メンバーがルールを読み上げるなど，相互のやり取りをしながら進める。メンバーを指名して，覚えているルールを発表してもらう。[注]

補足　「どんなグループでしょうか？」6ページ
「ルールを決めましょう」「グループのルール」8，9ページ
「このプログラムでの約束事」「このプログラムでお願いしたいこと」10，11ページ
の内容は必ず復習する。

ホームワークの確認　12分

ホームワークの確認

➡ホームワーク①の内容を発表し，共有する

メンバーに発表してもらう。サブファシリテーターがホームワークの内容をざっと見て，回答をまとめておくとよい。

注）原則として，9ページで決めたルールは，毎回メンバーが読み上げて確認する。もし，以下の内容が，グループで決めたルールの中に出てきていないようであれば，「ファシリテーターからのお願い」として毎回伝える。この際，伝え方や言葉は適宜変更して構わない。

・メンバーの話をよく聞きましょう

・正直に話しましょう

・言葉や暴力でメンバーを傷つけない

【想定される内容】
・性犯罪をしない（捕まらない）ためにはどうしたらいいのか
・性犯罪をしそうな時はどうしたらいいか　など

補足

①メンバーの発表の中で，性や性犯罪に関する話題が挙がらない場合，ワークブック６ページの「どんなグループでしょうか？」を読み返し，考えるように促す。

例：「毎日楽しく過ごすにはどうしたらいいか」という発言の場合
→「楽しく過ごす」を掘り下げる。そこから，犯罪をしない，といった話が出てくるかもしれない。もし，性犯罪とつながらなければ，他のメンバーの発表に移り，最後に，他のメンバーの考えを聞いて，自分はどう考えたかを話してもらう。

②セッションの中で扱える（扱う予定のある）内容の場合は，動機づけにつながるため，「第○回で詳しく勉強する予定です」と伝える。

③もし回答に困るような質問があれば，「それは難しい問題ですね。それは私たちの宿題にして，次回お答えするのでもいいですか？」と伝え，ファシリテーターにもわからないことがあるということを示す。万能なわけではなく，同じ立ち位置から支援していることを強調する。

導入

 1分

第2回の目的の確認
・からだの器官の名前や働きを理解する
・正しい性行為と性感染症について知る

　ファシリテーターから第2回の目的と内容を簡単に説明する。表紙（13ページ）と構成表（タイムスケジュール・14ページ）に簡単に目を通してもらうとよい。

ワーク①

 24分

I. からだのことを知ろう
・ワークブック15〜18ページに沿って進める

❶からだの器官の名前と働き　8分
➡各部位の名前を□に書き入れ，その器官の働きをヒントから選んで番号を記入する（5分）
➡答え合わせをする（3分）

ワークブック15ページ

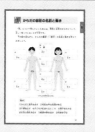

　いずれの設問も，最初にファシリテーターから間違えてもかまわないことを説明する。
　ファシリテーターがワークブック15ページを読んで説明する。

 「『例：a.頭』のように，絵を見て，まずはそのからだの器官の名前を自分で考えてみてください。その後に，下の枠の中から，その器官の働きを探してみてください」

　回答はすべてサブファシリテーターがホワイトボードに書き写す。

補足
①わからないところがあればいつでも挙手して質問していいことを伝えておく。

②自分が記入できなかった内容は，他のメンバーが発表した答えを聞いて書き足すように促す。

③サブファシリテーターは回答をホワイト

ボードに書き写すが，回答はなるべく次の
トピックくらいまでは消さずに残してお
く。難しい漢字を書く場合は，ふりがなを
振るよう配慮する（ひらがなが多すぎると
自尊心を傷つけてしまう恐れがあるため，
漢字とひらがなのバランスにも配慮する）。

【答え】
a. 頭（①）
b. 乳首（⑥）
c. 乳房（②）
d. 陰毛（⑧）
e. 陰嚢（睾丸）（⑤）
f. ペニス（陰茎）（⑦）
g. 膣（④）
h. 肛門（③）

※1「間違いを指摘しない」

「序章」のSPIRiTS実施者の心がまえに記載
しているように，正答や模範解答者以外の答え
が出ても，「そうですね，そういう見方（考え）
もありますね」などと前置きし，まずはメン
バーの発表内容を肯定する。その上で，別のメ
ンバーの回答を促して他の回答を募ったり，
ファシリテーターからの意見を伝えながら，
「○○さんは・・・という意見を考えてくれ
ました。こちらの考えはどう思いますか？」と
いった流れで別の回答を伝えるようにする。

※誤った回答が出ても，「違います」などの
伝え方はしない

---

2 おとなへの変化

6分

ファシリテーターがワークブック16ページ

を読みながら説明する。

➡️年齢とともに，からだ
とこころがどのように
変化していくか穴埋め
に記入する（5分）
➡️答えを共有する（1分）

ワークブック 16 ページ

|補|足| ①最初に「少し難しいかもしれませんね」と，
間違ってもいいことを伝えておく。

②自分自身にどんな変化があったか思い出し
ながら考えてみるよう促す。

各メンバーが記入した後に回答を共有する。
サブファシリテーターは回答をホワイトボー
ドに書き写す。

【答え】
22 ページの※1 「間違いを指摘しない」を確認して
下さい
■〜9歳
からだ：歩いたり走ったりできるようになる，どんどん
　　　　からだが大きくなる
こころ：親に頼っている，友達や仲間をつくる
■10代（成長には個人差があります）
からだ：男の子→ヒゲが生える，声が低くなる（声変わ
　　　　　　　　りする），勃起，夢精を経験する
　　　　女の子→胸がふくらむ，
　　　　　　　　生理（初潮，月経）が始まる
こころ：反抗期が始まる，異性に関心が出てくる
■20代〜40代
からだ：男性→からだつきががっしり（しっかり）す
　　　　　　　る，（筋肉がつく）
　　　　女性→妊娠・出産する
こころ：自立する（一人前になる）
　　　　仕事や家族に対する責任（感）を持つ
■50代
からだ：シワができる，体力が落ちる
こころ：これまでの人生について振り返る

|補|足| 20代〜40代の例については，「スリムな体
型の男性もいます」「女性は自動的に妊娠する

わけではなく，性行為をしたら妊娠する可能性があります」などと必要に応じて補足する。

③女性のからだ　4分

➡女性の性器について，ファシリテーターから説明する

ワークブック17ページ

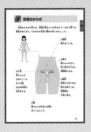

ファシリテーターがワークブック17ページを読んで受精から出産までの流れを簡単に説明する。

出産の大変さや重大さを説明することにより，女性の性に対する畏敬の念や，大切にしようという気持ちを持ってもらえるよう促す。

> 「精子と卵子が結合して受精卵という赤ちゃんの卵になります。赤ちゃんの卵は生まれるまでの間，子宮の中でお母さんのからだから栄養をもらって育っていきます。赤ちゃんは生まれてくるまで，お母さんのからだの中で大切に守られながら過ごします。妊娠中はお母さんである女性のからだにもさまざまな変化が起こります。例えば，つわり，体重増加や体型の変化などです。赤ちゃんが生まれてくるまでには女性のからだの中でたくさんの変化が起こっており，からだに大きな負担がかかっていることも理解しましょう」

④マスターベーション（一人エッチ）　6分

➡マスターベーションについてファシリテーターから説明する（3分）

ファシリテーターがワークブック18ページを読んで説明する。

補足

①「してもいい一人エッチ」「してはいけない一人エッチ」の部分は，メンバーに読んでもらってもよい。

②性的なことを考えることや，ルールを守ってマスターベーションをすること自体はいけないことではなく，健康のためにも必要であることも伝えておく。そのうえで，犯罪になってしまうような想像を伴うマス

24

ワークブック 18 ページ

ターベーションは, 実際の犯罪を助長する可能性があるため, たとえ想像であっても良くないということを説明する。また, 手を洗う, 清潔な場所で行うなど, 衛生面にも留意する必要があることも伝える（後の性感染症でも説明する）。

③グループホームでトイレやお風呂が共用の場合は, たとえその時自分一人だったとしても, 他の人も使う場所ではしてはいけないことを説明する。

④その他にも, 参加者の状況によってしてもいい場面としてはいけない場面が曖昧である場合は, 個別に対応する。

➡第2回付録の「性行動についてのアンケート」に回答する（3分）

付録の「性行動についてのアンケート」（28～31ページ）を開き, 回答してもらう。

"セックス"という用語が示す行為は人によって異なっている場合がある。ここでは性器の陰部（場合によっては肛門部）への挿入を指しているため, 他の項目を混同しないよう, 口頭で説明を補足する。

「ここでは回答内容について発表は行いません。自分の中にある性行動の問題を発見したり, 解決するために正直に回答しましょう」

「ワークブックで学習した『してはいけない一人エッチ』に該当する内容がアンケートの回答に含まれている場合は, 本日の学習内容の通り, 節度を保ったマスターベーションを心掛けていきましょう」

休憩

| 休憩 | 休憩に入る直前に，後半が○時○分から始まる，と明確に伝える。 |

ワーク②

43分

Ⅱ. 性行為と性感染症
・ワークブック19〜25ページに沿って進める

5 自由と責任 8分

➡大人になると，自由にできることが増える。できるようになるところ（ ）に○を記入する（2分）

➡答えを共有する（3分）

[ワークブック19ページ]

ファシリテーターがワークブック19ページを読んで説明する。

【答え】
22ページの※1 「間違いを指摘しない」を確認して下さい

左側：上から
○：結婚できる年齢は18歳以上。2022年4月1日の時点で既に16歳以上の女性は，改正前の民法に則り，結婚ができる。ただし未成年の場合は保護者の許可が必要
×：子どもでもできる
○：法律でよいとされているのは20歳以上
○：免許が取れていればOK

右側：上から
×：子どもでもできる
○：**相手が子どもの場合は特に，倫理的にしてはいけない，子どもを確実に傷つけることがある**
×：子どもでもできる
○：法律でよいとされているのは20歳以上

補足 「おとなへの変化」（16ページ）で扱った内容が含まれている可能性がある。前のページでメンバーが発言した内容があれば，『先ほど，みなさんも言っていたように』と，内

26

容をつなげるかたちで説明してもよい。

**➡例を交えて責任を持つ
ことについて説明する
（3分）**

例の中には，子どもでも大人でもできること
や，違反すれば子どもでもできることも含まれ
ている。「セックスをする」に関しては，大人
が力でねじ伏せて無理やり性行為を強いること
はできるかもしれないが，倫理的にも絶対に
あってはならない行為であり，被害にあった子
どもを確実に傷つけるだけでなく，その子ども
が大人になってもその傷を一生抱えることにな
ることも説明する。

「セックスをする」の説明ではさらに，身体
や心が未熟な状態でのセックスは，自分も相手
も傷つくことになることも説明する。

できることでもやってはいけないこと，でき
ないことについて年齢などの規定がある場合
は，併せて説明してもよい。また，「無責任な
行動の例」も併せて説明する。

補足　①例の部分をメンバーに読み上げてもらって
もよい。

②もし無責任な行動をとってしまったとして
も，その後にどう責任を取るかを考えるこ
とも大切であると説明する。困ったことが
あれば，一人で悩まず支援者に相談するこ
とも併せて伝える。

「起こってしまったことは仕方がありませ
ん。困ったからといってほったらかしにせず，
その後どうしたらいいのかを考えることが大
切です」

6 性行為とは・性行為によって起こること 8分

➡「○○は性行為の一つだと思う人は手を挙げてください」など，グループ全体で同時に○△を確認していく（4分）

ワークブック20ページ

➡性行為の結果，どんなことが起こるのかについて，考えながら記入し，共有する（4分）

ファシリテーターはワークブック20ページを読んで説明する。

【答え】
22ページの※1　「間違いを指摘しない」を確認して下さい
左側：上から　○，○，○，△
右側：上から　○，○，○，△

補足 ①○の項目で△と答えたメンバーがいれば，ファシリテーターはそのメンバーに質問し，どうしてそう考えたのかを共有する（「□□のどんなところが○だと思いましたか？」「では，△だと思った人は，どうして△だと思いましたか？」など）。

②間違った点をすり合わせることが目的のため，正解を選んだメンバーが，間違ったメンバーを攻撃するような構造にならないように注意する。

③正答に対して「どうしてこれが性行為になるのか」などと質問が出た場合は，「性行為」の定義は難しいが，誰にでもしていいことではなく，限られた相手と安心できる関係の中で，お互いの同意の下，行われる行為であることを説明する。

サブファシリテーターは，メンバーの意見をホワイトボードに記載していく。

【想定される内容】
気持ち良くなる，妊娠する　など

意見が一通り出たところで，妊娠の話へつながるように誘導してもよい。

「発表してもらったとおり，性行為をすると
いろいろなことが起こりますね。次は，妊
娠について詳しく見てみましょう」

ワークブックの説明を読む前に，「妊娠を望
んでいて，きちんと育てられる状況であれば，
妊娠するのはとても嬉しいことですね。それで
は，妊娠を望んでいないのに妊娠してしまった
場合はどうでしょうか」とつなげる。

7 妊娠と避妊 7分

➡望まない妊娠によって
起こることを説明・
共有する（5分）

ファシリテーターがワークブック21ページ
を読んで説明する。

補足 望まない妊娠で困ることについて，上段の
枠の中に書かれていること以外で何か考えつ
いたことがあれば，下線部分に記入するよう
に促す。

➡ファシリテーターから
避妊の方法を説明する
（2分）

ワークブック 21 ページ

望まない妊娠がいかに困った事態を引き起こ
すかということを説明し，避妊の大切さを理解
してもらえるように促す。

8 性感染症とは？
7分

ファシリテーターがワークブック22ページ
を読んで説明する。「まとめ」の部分はメンバー
に読んでもらう。

➡ファシリテーターから
説明する

ワークブック 22 ページ

補足

①難しいトピックのため，最初にファシリテーターから，「性感染症って聞いたことありますか？」「知っている性感染症はありますか？」など声掛けをしてみてもよい。

②理解しやすいように，こうした症状が出る，といった点を強調して説明する（「脳に影響が出てしまうこともあります。とても怖いので，気をつけてください」など）。

③各感染症について細かな理解を促すというよりも，「まとめ」の内容の理解が深まるように説明をする。

④早めに検査することが重要なため，もし当てはまるような症状が既にある場合，恥ずかしがらずにこっそり支援者に相談するよう促す。

⑨安全なセックスと危険なセックス

5分

➡メンバーに読み上げてもらう

ワークブック 23 ページ

ファシリテーターからの説明が続くので，23ページの文章をメンバーに読み上げてもらう。どうして安全なのか，危険なのかについて，ファシリテーターが下記補足説明を行う。

【安全なセックス】
上から
・性感染症，望まない妊娠のリスクを減らす
　トラブルに巻き込まれたり，乱暴される可能性が低い
・性感染症にかかるリスクを減らす
・性感染症，望まない妊娠のリスクを減らす
・清潔な場所：性感染症にかかるリスクを減らす
　人の来ない場所：（外などで行って）犯罪になることを防ぐ
【危険なセックス】
上から
・性感染症，望まない妊娠のリスクが高まる

・性感染症，望まない妊娠のリスクが高まる
・性感染症，望まない妊娠のリスクが高まる
　トラブルに巻き込まれたり，乱暴される可能性がある
・酔っぱらって避妊を忘れたり，命に関わる危険がある
・性感染症にかかるリスクが高まる

❿まとめのクイズ

8分

➡各メンバーで，はい，
いいえに○を付ける
（4分）
➡答え合わせをし，正解
した数を右下に記入
するように伝える（4分）

ワークブック 24,25 ページ

ファシリテーターから答えを発表するか，答えが合っているメンバーのみ指名して答えてもらう。各項目について，不正解のメンバーがいた場合，なぜその答えになるのかを説明する。

【答え】
22 ページの※1 「間違いを指摘しない」を確認して下さい
①はい
　性器の露出は性行為
②いいえ
　絶対にとは言えない
③いいえ
　すぐに症状が出ない病気もある
④はい
　マスターベーションは性行為の一つ
⑤はい
　性行為によって感染・拡大する
⑥いいえ
　不妊症になる可能性がある
⑦はい
　避妊をしても，妊娠する可能性はある
⑧いいえ
　治療を受けないと治らない。後から悪い影響が出てくることもある
⑨いいえ
　他人が入ってくる可能性があるため
⑩はい
　恋人が性感染症にかかっていなければ，可能性は低い
⑪はい
　目立った症状がすぐに現れないこともある
⑫いいえ

性行為をしてはいけない相手（第4回で詳しく扱う）を想像しているため，犯罪につながる可能性がある（18ページ「してはいけない一人エッチ」に記載されている「痴漢などの悪い想像をしている時」に該当する）

補足 ①答え合わせの際に指名する場合は，ファシリテーターは巡回してメンバーの回答を確認しておく（間違った回答のメンバーを指名しないようにするため）。

②すべて正解が合格ラインのため「『すべて正解だった人』が合格です。間違った項目があった人は，次回までにもう一度復習しておきましょう」と伝える。

③間違っているメンバーは指名せず，間違ったことが周りにわからないようにする。

まとめ

8分

❀セッションのまとめ

5分

➡第2回のポイントを押さえる

ワークブック26ページ

ワークブック26ページのまとめを読み上げる。ファシリテーターとサブファシリテーターが自分の言葉に変えて説明する方が理解しやすい。

必要に応じて，該当するワークブックのページを見直してもよい。

補足 毎回のセッションの「まとめ」のページには❀をつけてある。メンバーと内容の振り返りなどを行う際のキーワードとなるように「では，クローバーのページを見てみましょう」などと声をかけて『大切なことは❀のページにまとめられている』ことを印象づけ，

有用なガイドとして活用する。

ホームワーク② 2分

➡日常生活での会話について説明

➡誰と，どんな内容の会話をしているのかに注目して1週間を過ごすように伝える

ワークブック27ページ

メンバーには，あまり考えすぎずに普段の会話の様子について書いてもらうように説明する。メンバーが普段の生活の中で関わっている人や，どのような話題で会話をしているかなど，メンバーの日常生活の様子を知る手がかりになる。

補足 セッションの内容とホームワークの内容が異なる場合（その回の復習ではなく，次回のセッションへの導入となっている場合）は，ファシリテーターが例を説明するとわかりやすい（「サブファシリテーターの〇〇さん，誰とどんな話をしましたか？」「私は……」など）。

次回の予定
（プログラム実施日時）
の確認 1分

次回のプログラム実施日時を伝え，メンバーが理解していることを確認する。この際，下記のようにいくつかの大切なルールについては注意喚起を行うとよい。

16ページ下方の吹き出し内を参照

第 **3** 回

関係性のいろいろ
——社会的関係の理解

目的

- さまざまな人間関係（縦のつながり，横の
  つながり）を学ぶ
- 性的な関係を持ってもいい関係性を知る
- 私的な空間と公的な空間を理解する

内容

❶第2回の振り返り：からだのことを知ろう，性行為と性感
  染症
❷あなたの周りの人間関係
❸人間関係の中にあるルール

準備するもの

・なし

10分

➡前回のセッションから
の1週間にあった出来事
をメンバー一人ひとり
が発表する

➡最初に1～2分程度
どんなことを話すか
考える時間を作る

➡ウォーミングアップな
ので，ごく簡単に一人
当たり1～2分程度で
発表する

「それでは，前回も説明しましたように，
この1週間にどんなことがあったか聞かせて
ください」

　例として，ファシリテーターが最初に発表す
る。ファシリテーターは，毎回，メンバーの発
表を聞きながら，各メンバーの行動傾向や変化
などを把握していく。

補足

①順番は希望者からでもよいが，全員が話せ
るように，順に当てる形式でもよい。

②すぐに発表できる人から発表してもらい，
その間に，他の人にも考えてもらう。

③どのように話したらよいか戸惑っているメ
ンバーには，ワークブック5ページを参考
にできることを伝える。

④誰からも手が挙がらなかった場合には，
ファシリテーターがサブファシリテーター
を指名して，見本を見せる。

⑤考えてこなかったなど，発表できないメン
バーがいても，ホームワークではないため
強制はしない（但し，3回以上連続でまっ
たく考えてこなかった場合には，セッショ
ン終了後，モチベーションを高める働きか
けを行う）。

⑥プライベートなことを話してしまう人に
は，サブファシリテーターが適宜声掛けを
する。

復習 12分

第2回の振り返り
➡ワークブック9ページのルールを確認する
➡前回学んだ内容については，補足に記載されているページについて，ファシリテーターが読み上げながら確認する
※適宜，必要なところで「ホームワークの確認」をしても構いません

ファシリテーターが説明をすることが中心になるが，まとめのページは，メンバーが文章を読み上げるなど，相互のやり取りをしながら進める。（19ページの注を参照）

補足 ①「性行為とは・性行為によって起こること（性行為に該当する行為）」20ページ
「妊娠と避妊（避妊の方法）」21ページ
「性感染症とは？」22ページ
「安全なセックスと危険なセックス」23ページ
「第2回のまとめ」26ページ
の内容は必ず復習しておく。

②その他にも例えば「マスターベーション（一人エッチ）」（18ページ）を扱うなどグループメンバーのニーズに合わせて選択する。

ホームワークの確認 12分

ホームワークの確認
➡ホームワーク②の内容を発表し，共有する

メンバーに発表してもらう。

【想定される内容】
・誰と：お母さんと
　話の内容：晩ごはんの献立について話した
・誰と：友達と
　話の内容：遊びに行く場所を相談した
・誰と：作業所の人と
　話の内容：次回の時間について確認をした　など

補足　ホームワークの記載内容（会話の内容など）が浅ければ，「どんな話をしましたか？」など少し質問をしてもよいが，会話の相手など詳細については，そこに話題がとどまらないように留意する。

　※メンバーの生活の様子を知る機会になるが，深く聞きすぎるとプライバシーを侵害する可能性もあるため，注意を払う。

導入　1分

第3回の目的の確認
・ さまざまな人間関係（縦のつながり，横のつながり）を学ぶ
・ 性的な関係を持ってもいい関係性を知る
・ 私的な空間と公的な空間を理解する

　ファシリテーターから第3回の目的と内容を簡単に説明する。表紙（32ページ）と構成表（タイムスケジュール・33ページ）に簡単に目を通してもらうとよい。

ワーク① 35分

I. あなたの周りの人間関係
・ ワークブック34～38ページに沿って進める

1-1 あなたの周りの人間関係① 10分
➡自分の周りにはどんな人がいるか自由に記述する
➡「家族」「友達」などのカテゴリーごとに詳しく記入する

　ファシリテーターがワークブック34ページを読んで説明する。書く場所，内容も具体的に指示する。

「カテゴリーの枠の上段に『友達』と書いてみましょう」

「カテゴリーの枠の下段には，例えば病院のスタッフのカテゴリーの場合，『服薬について相談できる』など，関係性についても記入してみましょう」

ワークブック 34 ページ

共有する場合は，人間関係のカテゴリー（枠の上段に書いた内容）のみ発表してもらう。

【想定されるカテゴリー】
・友達
・グループホームの人，病院のスタッフなど支援者
・仕事仲間　など

補足

①各メンバーの人間関係はさまざまであると想定されるため，細かく共有はしない（天涯孤独，家族と仲が悪い，友達がいないなど，嫌なことを思い出させないようにする）。

②記入が難しそうなメンバーには，書く場所・内容も具体的に指示する。「枠の中に『友達』と書いてみましょう」

③共有する場合は人間関係のカテゴリー（枠の上段に書いた内容）のみ話してもらう。

④「○○以外でありますか？」と声を掛けてもよい。

⑤項目がすべて埋まらなくてもよいことを伝える。

⑥支援者がいてくれることを実感してもらう。

1-2 **あなたの周りの人間関係②** 10分

➡各カテゴリーの人とどんな会話をしたか，簡単に書き出す（6分）

➡どんな人とどんな会話をしたか，一人一つずつ発表していく（4分）

ワークブック 34 ページ「あなたの周りの人間関係①」で記入したカテゴリーを基に，各カテゴリーの人との会話を簡単に 35 ページに記入させる。発表に際しては，他の人に知られてもよい話を発表してほしいと伝える。

「枠の上段には，前のページで記入した人間関係のカテゴリーを記入しましょう。枠の下段には，カテゴリーの対象の人と最近会話した内容を簡単に記入しましょう」

補足

①メンバーの中には，家族とまったく話す機会のない者がいる可能性もある。そのため，各メンバーの発表では，いずれか１つの関係性のカテゴリーについて発表すればよいことを伝える。

②仕事の仲間のカテゴリーについては，デイケアや作業所の仲間を含んでもよいと伝える。

③第２回のホームワークの内容が，このワークにつなげられる。記入が進まないメンバーには，第２回のホームワークのページを見直すように声を掛ける。

「確認してみると，みなさんの周りにはいろいろなことを話したり，相談できる存在の人がいることがよくわかりますね」

2 相手と会話の内容

8分

➡それぞれの相手とどのような会話をするか線で結ぶ（3分）

➡挙手制で共有する（5分）

ファシリテーターがワークブック 36 ページを読んで説明し，各自記入する。

補足

①それぞれの関係の人とどういう会話をするのが一般的であるかについて考えることで，間柄によって話す内容も変わってくるということに気づいてもらう。

②誰とどのような会話をするかは，メンバーと相手との関係性にもよるため，メンバーごとに異なる可能性もある。全員の回答を統一する必要はない。

ワークブック 36 ページ

「誰とどのような内容の会話をするかは，メンバーのみなさんと相手との関係性によって異なる可能性があります。ここでは，みなさんそれぞれが周りの人と，どのような会話ができる関係性であるかを確認できれば大丈夫です」

【想定される回答】
・仕事のグチ：家族，友達　など
・健康の話：家族，友達，仕事の仲間，主治医　など
・小さい時の話：家族，友達　など
・恋人の話：友達　など
・性の話：友達，グループのメンバー　など

3-1 3-2 間関係の あれこれ①② 7分

➡ファシリテーターから説明する

➡②のページでは，「あなたの周りの人間関係②（35ページ）」で発表された内容と関連付けて説明する

ワークブック37ページ

ワークブック38ページ

　ファシリテーターがワークブック37ページを読んで説明する。メンバーの周りの人間関係についてパーソナルスペースの図式に当てはめてみながら進める。慣れた言葉で説明し，図式の具体的な説明も加える。

「例えば家族や恋人同士は，自分から最も近い距離で接することができる関係性であると言われています。逆に関わりのない他人は，自分から最も遠い距離で示されているように，家族や恋人，友達と同じような距離で接することはなかなか難しいですよね。パーソナルスペースを確認することで，相手との関係性によって接する際の距離感が違うことがわかりますね」

　ファシリテーターがワークブック38ページを読んで説明する。

「例えばお友達とはグチを話したり，気軽におしゃべりができます。でも，お医者さんと患者さんでは，そこまで気軽にお話しできないですよね。人間関係には，たくさんの種類があります。代表的なものを図式にしてみました」

【説明の例】
・友達：対等な関係であったり，横のつながりでは，く
  だけた口調でテレビの話をする
・仕事の仲間：友達ほど親しくはないので，敬語で話す
  など

▌▌▌ 休憩 　　　　　　　　　　10分

休憩

休憩に入る直前に，後半が○時○分から始ま
る，と明確に伝える。

▌▌▌ ワーク② 　　　　　　　　30分

**Ⅱ. 人間関係の中に
あるルール**
・ワークブック 39～42
  ページに沿って進める

**4 人間関係と
性的関係** 8分

➡性行為をしてもいい人
などについて，
各自空欄に記入し，
答え合わせをする

ワークブック 39 ページ

メンバーに 39 ページの文章を読み上げても
らう。「人間関係のあれこれ」の延長として，
関係が近い／親しい人でも，相手の同意がなけ
れば性的関係を持っていいわけではないことを
説明する。その後，各自空欄に記入してもらい，
挙手制などで簡単に答え合わせをする。

補足 ①振り返りも兼ねて，「さっき，振り返りを
しましたが，○○と性的関係を持ってもい
いでしょうか？」と，絵をヒントに問いか
けてみる。

②各メンバーの「あなたの周りの人間関係②
（35 ページ）」を見ながら，それぞれの関
係性の人と性的な話をしてもいいか，を確
認する。

③性行為をしてはいけない人については，別
のセッションで詳しく勉強すると伝える。

【答え】
22 ページの※1 「間違いを指摘しない」を確認して下さい
・性行為をしてもいい人：夫婦，恋人
・性行為をしてはいけない人：血縁関係にある人
・性的な話をしてもいい人：距離が近い／親しい人

> 「『人間関係のあれこれ②』で確認したように，相手との距離が近い関係（親しい関係）の人とは深い話をできる関係なので，相手が嫌がっていなければ，性的な話をすることがあります。しかし，いくら関係性が近いからといって，兄弟や親子などのように血縁関係にある人や相手の同意がない人とは，性行為を行うことはできません」

5 私的と公的 6分

➡私的な場所と公的な場所について説明する

ワークブック 40 ページ

メンバーに 40 ページの文章を読み上げてもらう。

ファシリテーターは，一人になれる場所（自分の家やホテルの部屋）以外は公的な場所であること，私的な場所と公的な場所ではしていいことやしてはいけないことが異なることを説明する。

補足　「○○は私的と公的どっちですか？」といった，境界が曖昧な場所などの質問があるか，声を掛ける。例：グループホーム

6 人間関係の中にあるルール 8分

➡○×クイズを記入し，答え合わせをする

41 ページをメンバーに読んでもらう。○か×かをグループ全員に尋ねながら挙手制で一斉に実施する。手を挙げる際に，○か×かを記入するように伝える。メンバーの正誤にかかわらず，正答の理由を1問ずつ説明しながら進める。

ワークブック41ページ

「社会的ルール」というキーワードについては，ファシリテーターから追加で説明をする。

> 「世の中にはいろいろなルールや決まりがあります。これを『社会的ルール』と言います。ここまで見てきた相手との関係性や，どんな言葉遣いをするのかといったことも社会的ルールの一つです。例えば，友人や職場の仲間といった関係性の区別は，社会（国や文化）によって違います。こうした区別をもとにした"上下関係"といった相手との関係性も同じように，社会によって違います。また，敬語のように相手との関係性によって言葉遣いを変えることもあります。これらもすべて，社会的ルールです。中には，ハッキリと決まっていなかったり，教えてもらったことがないものもあるかもしれません。でも自分や周囲の人達みんなが，安心して気持ち良く過ごすためには，みなさん一人ひとりが意識して守らなければならないことがあります。普段何気なくしていることにも，さまざまな社会的ルールがあります。相手と良いつながりでいるためには，どんな社会的ルールを守るとよいのか，○と×をつけながら，みなさんで考えてみましょう」

補足 ①小グループを作って考えてもらうかどうかは，座席の配置やメンバーの関係性などを考慮してファシリテーターの裁量で決める。

②メンバーがこうしたルールを理解していたかを確認しながら，実際の生活の中でこうしたルールを守れているのかも尋ねる。

③「別に見られても（自分は）気にならないからいいじゃないか」といった意見が出た時は，「○○さんは平気なんですね。他のメンバーさんはどうでしょうか？」とメン

バーに向けて声掛けをする。他のメンバーの意見を聞きながら，その結果として「じろじろ見られるといやな気持ちになる人が多いようです。"みんなが気持ちよく過ごすためのルール"を守るために，じろじろ見ないようにしましょう。なので【×】を書きます」などと伝える。「私は気にならない」といった個人の考えではなく，メンバーの考えから社会的ルールとつなげて説明することで，セッションの内容を体験的に学習する機会にもなる。

【答え】
22ページの※1 「間違いを指摘しない」を確認して下さい

上から

×：清潔でないから（冬のジーパンならいいのでは？などの意見が出た場合はみんなで検討する）

○：初対面で名前を聞くのは自然なこと（道端ですれ違った人など見知らぬ人は×）

×：トイレの中から出たら公的な場所なので NG

×：公的な場所で騒ぐと迷惑がかかる

○：人に迷惑をかけていない（混んでいるお店に長時間居座るのは迷惑になるので，状況を見る必要がある）

×：食事をするための場所以外の公的な場所で物を食べるのはマナー違反（臭いがしたり，他の商品が汚れるかもしれない）

×：知り合いでもそうでなくても人の顔をじろじろ見るのは失礼

○：部屋をきれいにしてから呼ぶのはよいこと

×：初対面の人には個人情報は教えない（役所で手続きをする時やポイントカードを作る時など，必要な場面であれば OK）

×：相手の都合や気持ちを無視して一方的な行動をとるのは NG。どうしても連絡を取らなければならない緊急の用事があるなど，イレギュラーな場面については何度もかけることもある

×：ノックをするなど，中にいる人の許可をもらって
から入る

7 まとめのクイズ

8分

➡まとめの○×クイズを
記入し，答え合わせを
する

（ワークブック42ページ）

各自42ページに記入する。各メンバーの回
答時間を3分ほど取った後，全員で正解を確認
する。メンバーの正誤にかかわらず，正答の理
由を1問ずつ説明しながら進める。

補足

①間違っている場合を考慮して，自信があり
そうな人を指名する方法で進める方がよ
い。

②正誤は状況，相手によって変化する場合を
考慮することを説明する。また，地域の社
会常識に沿った答えとする。

③混乱を避けるため，曖昧にするばかりでは
なく，○と×の境界をある程度厳しく区
切った解説もする。

④メンバーが回答に迷った場合，ファシリ
テーターや支援者にその状況を相談しても
らうよう繰り返し伝える。一人で悩まない
環境をつくる。

⑤問題の内容に関して，異性については慎重
に，近しい同性についてはレベルによって
考える。

【答え】
**22ページの※1「間違いを指摘しない」を確認して
下さい**
○：同性の友達と私的な場所で見る分には構わない
　　（友達が嫌がっている場合はNG）
×：家族であっても，異性に対してとっていい行動で
　　はない
○：その女性が性的な話をすることを気にしていない場
　　合，自分が嫌でなければ無理に止める必要はない

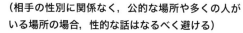

（相手の性別に関係なく，公的な場所や多くの人が
いる場所の場合，性的な話はなるべく避ける）

×：人が嫌がることはしてはいけない

×：家族であっても人のいる場所で性的なものを見るの
は良くない

○：同意しているので OK

×：恋人との性的なプライベートな話を聞いたり，こち
らから質問するのは NG

○：不妊に関する医療相談なので OK。むしろした方が
よい

※正解をはっきりと決められないこともあります。年齢，関
係，相手の同意を確認することが大切です。

まとめ

10分

✿セッションのまとめ
6分

➡第3回のポイントを
押さえる

ワークブック 43 ページ

ワークブック 43 ページのまとめを読み上げ，
第3回のポイントを押さえる。ファシリテー
ターとサブファシリテーターが自分の言葉に変
えて説明する方が理解しやすい。

補足　　必要に応じて，該当するワークブックの
ページを見直してもよい。

ホームワーク③　3分

➡「私的な場所と公的な
場所でしたこと」の
説明

➡私的な場所と公的な場
所でしたことについて，
それぞれ2つずつ書いて
くるよう説明する

ホームワーク③は，メンバーの日常生活での
活動や行動範囲を知る手がかりになる。メン
バーには，あまり考えすぎずに，普段の生活の
様子について書いてもらうように説明する。

「『私的』な場所は一人になれるところ（自分の部屋やお風呂など）でしたね。『公的』な場所は，『私的』な場所のほかはすべて入るんでしたね」

次回の予定（プログラム実施日時）の確認　1分

ワークブック44ページ

次回のプログラム実施日時を伝え，メンバーが理解していることを確認する。この際，下記のようにいくつかの大切なルールについては注意喚起を行うとよい。

16ページ下方の吹き出し内を参照

第 **4** 回

知っておきたい性のルール

目的

・服を脱ぐこと・人にさわることの社会的ルールを
　学ぶ
・性的な関係を持ってはいけない人や場面を
　知る

内容

❶第3回の振り返り：あなたの周りの人間関係，人間関係の
　中にあるルール
❷服を脱ぐこと，人にさわることに関するルール
❸性的な関係に関するルール

準備するもの

・なし

振り返り

1 週間の振り返り

➡前回のセッションから
の1週間にあった出来事
をメンバー一人ひとり
が発表する

➡最初に1〜2分程度
どんなことを話すか
考える時間を作る

➡ウォーミングアップな
ので，ごく簡単に一人
当たり1〜2分程度で
発表する

 「それでは，前回も説明しましたように，この1週間にどんなことがあったか聞かせてもらおうと思います」

　例として，ファシリテーターが最初に発表する。ファシリテーターは，毎回，メンバーの発表を聞きながら，各メンバーの行動傾向や変化などを把握していく。

補足

①順番は希望者からでもよいが，全員が話せるように，順に当てる形式でもよい。

②すぐに発表できる人から発表してもらい，その間に，他の人にも考えてもらう。

③どのように話したらよいか戸惑っているメンバーには，ワークブック5ページを参考にできることを伝える。

④誰からも手が挙がらなかった場合には，ファシリテーターがサブファシリテーターを指名して，見本を見せる。

⑤考えてこなかったなど，発表できないメンバーがいても，ホームワークではないため強制はしない（但し，3回以上連続でまったく考えてこなかった場合には，セッション終了後，モチベーションを高める働きかけを行う）。

⑥プライベートなことを話してしまう人には，サブファシリテーターが適宜声掛けをする。

復習

12分

第3回の振り返り

➡ワークブック9ページ
　のルールを確認する

➡前回学んだ内容につい
　ては，補足に記載され
　ているページについ
　て，ファシリテーター
　が読み上げながら確認
　する

※適宜，必要なところで
　「ホームワークの確認」
　をしても構いません

　ファシリテーターが説明をすることが中心に
なるが，まとめのページはメンバーが文章を読み
上げるなど，相互のやり取りをしながら進める。
（19ページの注を参照）

補足 「人間関係のあれこれ①②」37，38ページ
　　　「人間関係と性的関係」39ページ
　　　「私的と公的」40ページ
　　　「第3回のまとめ」43ページ
　　　の内容は必ず復習する。

第**4**回

ホームワークの確認

12分

ホームワークの確認

➡ホームワーク③の内容
　を発表し，共有する

メンバーに発表してもらう。

【想定される内容】
・公的な場所
　どこで：映画館で，誰と：友達と
　何をした：映画を見た
・私的な場所
　どこで：家で，誰と：兄と
　何をした：ゲームをした　など
※性的な内容でなければ家族がいても「私的」な場所と
　考えることもある。

補足 ①ホームワークの記載内容（会話の内容など）
　　　が浅ければ，少し質問をする。楽しかった，

など感想を尋ねるのもよいかもしれない。

②メンバーの生活の様子を知る機会になるが，深く聞きすぎると，メンバー間のプライバシーが保障しきれなくなる可能性もあることに留意する。

導入

1分

第4回の目的の確認
・服を脱ぐこと・人にさわることの社会的ルールを学ぶ
・性的な関係を持ってはいけない人や場面を知る

ファシリテーターから第4回の目的と内容を簡単に説明する。表紙（45ページ）と構成表（タイムスケジュール・46ページ）に簡単に目を通してもらうとよい。

ワーク①

35分

I. 服を脱ぐこと，人にさわることに関するルール

1-1 服を脱いでもよい場面，いけない場面① **10分**

➡ファシリテーターから説明する（2分）

47ページに沿って進める。なお，ここでいう「服を脱ぐ」とは，私的な場所以外で下着姿や裸になるなど，不適切な脱衣のみを指し，脱がなくても，露出する（服をはだける）なども含める。「暑いので上着を脱ぐ」「腕まくりをする」といった脱衣，露出は含まない。

「（前回の復習の流れから）人と人との関わりには，いろいろなルールがありましたね。世の中にはその他にもいろいろなルールや決まりがあります。中には，ハッキリと決まっていなかったり，教えてもらったことがないものもあるかもしれませんが，自分や周囲の

ワークブック 47 ページ

人達みんなが，安心して，気持ち良く過ごすためには，みなさん一人ひとりが意識して守らなければならないことがあります。そのようなルールや決まりのことを，社会的ルールと言います。普段何気なくしていることにも，さまざまな社会的ルールがあります。まずは，服を脱ぐことについて，社会的ルールを確認してみましょう」

補 足　「これから社会的ルールについて説明します」といったキーワードを先に示してから説明を加える。

➡普段服を脱ぐ場所・状況について自由に記述する（3分）

　　各自 47 ページを記入する。ファシリテーターは巡回してメンバーの回答をチェックしておく（適切な回答のメンバーのみ発表してもらうため）。

【想定される内容】
・場所：家，どんな時：暑い時
・場所：プール，どんな時：水着に着替える時
・場所：脱衣所，どんな時：お風呂上がり　など

補 足　①メンバーの日常生活での様子を知る手掛かりにもなる（中には，脱衣所がない家，脱衣所に仕切りや扉がない家もある。お風呂上がりに裸で家の中を歩く家族がいるかもしれない。本人たちが当たり前と思っていることの中にも気になることがあり得るため，確認するとよい）。

②メンバーが全員書き終われば，3 分待たずに先に進める。

③3 分経っても記入が終わっていなければ，聞きながら書き込むように伝えて，先に進める。

第4回

➡記入した内容を共有する **（5分）**	何名かに発表してもらう。その際，適切な回答のメンバーのみを選んで指名する。
1-2 服を脱いでもよい場面，いけない場面② 8分	48ページに沿って進める。サブファシリテーターは，問題番号と○×の答えをホワイトボードに書き写す。
➡文章を読んで服を脱いでもいい場面か，（ ）の中に○×を書き入れる **（3分）**	「それでは，書いてある文章を読んで，下着姿になったり，裸になるなど，服を脱いでもいい場面だと思ったら○，服を脱いではいけない場面だと思ったら×を書いてください」
ワークブック48ページ	
	補足 これは，第3回で扱った「私的と公的」の復習にもなる。銭湯など，周りに人がいても服を脱いでもいい場所もあるが，こうした場所は稀であるということを伝える。 ※グループホームの共用スペースなどはダメ。 ※男性の上半身の裸や下着姿も女性が不快と感じることがある。
➡答え合わせと説明をする **（5分）**	【答え】 22ページの※1 「間違いを指摘しない」を確認して下さい ①○：脱衣所や更衣室は，周りに人がいても服を脱いでもいい場所（公的な場所だが，脱いでもよい場所） ②○：自分しかいないからOK（私的な場所） ③×：近くに他の人がいる時は，服を脱いではいけない（自分の部屋は，一人の時は私的な場所だが，周りに人がいる時は私的な場所にはならない） ④×：公的な場所で服を脱いではいけない ⑤○：試着室は，試しに服を着てみる場所（脱いでもいいと決められた場所）で，扉を閉めれば一人になれる場所（私的な場所）なので脱いでもOK。但

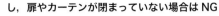

し，扉やカーテンが閉まっていない場合は NG

⑥○：上着だけなら，外で脱いでも OK。上着の下の
シャツなどを脱ぐのは NG

⑦×：家のリビングであっても家族との共用の場所であ
るので脱衣所や自分の部屋で脱ぐのがふさわしい

⑧×：妹（姉）であっても他の人がいる時は服を脱いで
はいけない

1-3 服を脱いでもよい場面，いけない場面③ 7分

➡服を脱いでもよい場面といけない場面について，ファシリテーターが説明しながら一緒に○×を記入していく

(ワークブック 49 ページ)

49 ページに沿って進める。サブファシリテーターは，問題番号と○×の答えをホワイトボードに書き写す。

「それでは，下着姿や裸になってもよい場面と，いけない場面がすぐにわかるように，表にまとめて整理しておきましょう」

補足 ①「自分の部屋に自分しかいない時は服を脱いでもいいと思う人，手を挙げてください」「そうですね，これは○ですね」など，挙手制で答えを共有しながら表を埋めていく。

②自分の部屋やホテルの部屋などの私的な場所で周りに人がいる場合は，その人との間柄によって回答が変わる。相手がパートナーや同性の兄弟などの場合は，×にはならない（厳密には同意が必要となるが，第6回で学ぶため，ここでは詳しく扱わない）

【答え】
22 ページの※1 「間違いを指摘しない」を確認して下さい

	自分しかいない	周りに人がいる
①自分の部屋	○	○×（相手による）
②脱衣所／更衣室	○	○（脱衣所や更衣室の扉やカーテンが閉まっていない時は×）

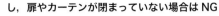第4回

③街中	×	×
④銭湯 （お風呂屋さん）	○	○
⑤公園や広場	×	×
⑥友達の家	×	×
⑦車の中	×	×

2-1 さわってもよい
人，さわっても
よい場面① 10分

➡ファシリテーターから
説明する（3分）
➡相手との関係性に合わ
せて，よいと思う選択
肢にチェックをし，答
え合わせをする（7分）

ワークブック 50 ページ

ファシリテーターがワークブック 50 ページ
を読んで説明する。各自チェックを記入し，答
え合わせをする。サブファシリテーターは，答
えをホワイトボードに書き写す。

補足 「時と場合による」を選んだメンバーには，
例えばどのような場面なら良くて，どのよう
な場面なら良くないと思うのかを説明しても
らう。

【答え】
22 ページの※1 「間違いを指摘しない」を確認して
下さい
・家族：時と場合による（相手がよいと言えば）
・恋人：時と場合による（相手がよいと言えば）
・電車で隣に座っている人：いつでもさわってはいけな
い
・同性の友達：時と場合による（相手がよいと言えば）
・異性の友達：時と場合による（相手がよいと言えば）
・すれ違った知らない子ども：いつでもさわってはいけ
ない
・仕事で初めて会った人：時と場合による（握手する時
などはよい）

最後に，どんなに親しい相手であったとして
も，さわっていいのは時と場合により，いつで
もさわっていい相手はいない，ということをま

とめとして伝える。

※いつでもさわってよい人やいい場面はない。

> 「たとえ家族や恋人が相手だったとしても，相手の気持ちを考えずに自分勝手にさわってしまったら，相手はいやな気持ちになりますよね。人がいるところや，相手がいいと言っていない状況では，さわらないようにしましょうね」

休憩

10分

休憩　　休憩に入る直前に，後半が○時○分から始まる，と明確に伝える。

ワーク①続き

10分

2-2 さわってもよい人，さわってもよい場面②

➡接触に関する○×クイズを記入し，答え合わせをする

各自51ページに○×を記入する。**2-1** と同様に答え合わせをする。サブファシリテーターは，問題番号と○×の答えをホワイトボードに書き写す。

※ **2-1** **2-2** の回答や説明に関して，もし迷うことがあったら，ファシリテーター，サブファシリテーターの常識を反映させてください。アフターミーティングの際に，内容を他のスタッフと必ず確認してください。

補足　①ファシリテーターらの常識を反映させても対応に困った場合は，一旦回答を保留し，

ワークブック51ページ

次回までに検討するようなかたちで対応する。

②回答が間違っていた場合は、正解だった人に「答えを○○にしたのは、どうしてですか？」と説明を求め、不正解だったメンバーに「どう思いますか？」と尋ねる。
例：妹の胸を服の上からさわる→性行為をしてはいけない人

【答え】
22ページの※1 「間違いを指摘しない」を確認して下さい
①×：いいと言っていない人に抱きついてはいけない
②○：握手＝挨拶
③×：押さえつけるといった暴力は×
④×：家族と性行為をしてはいけない
⑤×：電車の中＝公的な場所
⑥○：一緒にゲームを行った後のコミュニケーションの一つなので、こちらがハイタッチのポーズをした際に嫌な顔をしていなければ行ってよい
⑦○：頭をなでる＝家族のスキンシップ
　　※弟が嫌がっていたら×
⑧○：相手がいいと言っている

ワーク②

20分

Ⅱ. 性的な関係に関するルール

3 性行為をしてはいけない相手　6分

➡性行為をしてはいけない相手について、挙手制で意見を出し合い、空欄を埋めていく

ファシリテーターはワークブック52ページを読んで説明する。挙手制で意見を出し合って空欄を埋めるが、難しいので間違えてもいいことを初めに伝えておく。サブファシリテーターは、ホワイトボードに回答を記入する。

ワークブック52ページ

補足

①特に，中段右（NO：相手の気持ちに賛成していない人）の問題はいろいろと意見が出るかもしれない。「相手の気持ち」については第6回で扱うため，ここで細かく説明をする必要はないが，そのことをメンバーにも伝えておく。

②答えが出にくい場合は，「この絵の人はどんな人でしょうか？」など答えやすいように促す。

【答え】
22ページの※1 「間違いを指摘しない」を確認して下さい
上段右：18歳未満の男の子／女の子
　　　　刑法では13歳／児童福祉法条例では18歳未満という規定がある
　　　　※刑法とは，犯罪とそれに対する刑罰の関係を定めている法律のこと
　　　　※児童福祉法条例とは，児童福祉法に規定される淫行，売春等について各自治体が定めた処罰の規定のこと
中段左：家族
中段右：いいと言っていない人，嫌がっている人
下段左：動物

最後に，性行為をしてはいけない相手を，ファシリテーターがまとめて読み上げる。重要なことなので覚えておくように伝える。

❹性行為をしてはいけない場面 7分

➡性行為をしてはいけない場面について簡単に説明し，○×クイズを記入（4分），答え合わせをする（3分）

ファシリテーターがワークブック53ページを読んで説明する。各自○×を記入し，答え合わせをする。メンバーの正誤にかかわらず，回答の理由を1問ずつ説明しながら進める。サブファシリテーターは，問題番号と○×の答えをホワイトボードに記入する。

①〇か×かをグループ全員に尋ねながら，挙手制で一斉に実施する方法もあるが，実際に行うかどうかはメンバーの様子によってファシリテーターが決める。この方法をとる場合は，先に記入してもらうのではなく，挙手で答え合わせをしながら同時進行で〇か×を記入していく。

②最後の問題（「いいよ」と言ったので，子どもの下着を脱がせる［トイレの時以外で］）については，たとえ「いいよ」と返事があっても，法律で禁止されている相手とは性行為をしてはいけないことも併せて説明する。

③グレーな回答があった場合（例：恋人が「さわってもよい」と言ったので，自分の部屋で恋人のからだをさわる→誰かが入ってくる可能性があるから△，など）は，意見を尊重しつつ「扉を閉めて」「外から見えないようにカーテンを閉めて」などとひと言加え，〇か×か明確に回答を提示する。

【答え】
22ページの※1 「間違いを指摘しない」を確認して下さい

①〇：性行為をしてもよい場所・恋人もいいと言っている

②×：してはいけない場所（電車＝公的な場所）

③×：してはいけない場所（デパート＝公的な場所）

④×：してはいけない場面（性的虐待にも該当する）

⑤×：犯罪（公然わいせつ）

⑥×：してはいけない場所（電車＝公的な場所）

⑦〇：してもよい場所（私的な場所）

⑧×：子ども＝性行為をしてはいけない相手

5 まとめのクイズ

7分

54ページに各自回答を記入する。ファシリテーターから答えを発表するか，答えが合って

➡まとめの◯×クイズを
記入し，答え合わせを
する

（ワークブック 54 ページ）

いるメンバーのみ指名して答え合わせをする。
サブファシリテーターは，問題番号と◯×の答
えをホワイトボードに記入する。

補 足　①各項目について不正解のメンバーがいた場
合は，なぜその答えになるのかを説明する。

②すべて正解が合格ラインのため，「『すべて
正解だった人』が合格です。間違った項目
があった人は，次回までにもう一度復習し
ておきましょう」と伝える。

③間違っているメンバーは指名せず，間違っ
たことが周りにわからないようにする。

【答え】
22 ページの※1 「間違いを指摘しない」を確認して
下さい
①いいえ：服を脱いでいい場所ではない
②いいえ：ストーカーになる／ストーカーに間違われる
③いいえ：さわっていい相手・場面ではない
④いいえ：性行為をしてはいけない相手（刑法でも児童
福祉法でもダメ）
⑤いいえ：ストーカーに間違われる
⑥いいえ：性行為をしてもよい場所ではない
⑦はい：友達になるのは問題ない

まとめ

 10分

❀セッションのまとめ
6分

➡第4回のポイントを押さえる

ワークブック55ページ

ホームワーク④ **3分**

➡「実行できた社会的ルール」の説明

➡空欄に関しては今日学んだ社会的ルールに関連する出来事をできる限り詳細に記載するよう説明する

ワークブック56ページ

次回の予定
（プログラム実施日時）の確認 **1分**

55ページのまとめを読み上げる。ファシリテーターとサブファシリテーターが自分の言葉に変えて説明する方が理解しやすい。

補足 必要に応じて，該当するワークブックのページを見直してもよい。

 「性行為をしてもよい相手であっても，場面によっては性行為をしてはいけない，という点も理解しておきましょう」

ルールを意識して生活することを習慣づけるために行う。メンバーが記入に困っているようなら，49ページや50ページ，52ページに書かれている項目から追加するとよいと伝えたり，例を挙げてもよい。

【例】
・外でエッチな動画を見ない
・人のことをじろじろ見ない　など

次回のプログラム実施日時を伝え，メンバーが理解していることを確認する。この際，下記のようにいくつかの大切なルールについては注意喚起を行うとよい。

 16ページ下方の吹き出し内を参照

62

第 **5** 回

違法な性行動

目的

- ・どのようなことが性犯罪にあたるのか考える
- ・自分の違法な性行動について振り返る
- ・性行動がもたらす結果について考える

内容

❶第4回の振り返り：服を脱ぐこと，人にさわることに関するルール，性的な関係に関するルール
❷違法な性行動
❸違法な性行動を行った後の環境

準備するもの

・なし

振り返り

10分

1週間の振り返り

➡前回のセッションから
の1週間にあった出来事
をメンバー一人ひとり
が発表する

➡最初に1～2分程度
どんなことを話すか
考える時間を作る

➡ウォーミングアップな
ので，ごく簡単に一人
当たり1～2分程度で
発表する

「それでは，前回も説明しましたように，
この1週間にどんなことがあったか聞かせて
ください」

　例として，ファシリテーターが最初に発表す
る。ファシリテーターは，毎回，メンバーの発
表を聞きながら，各メンバーの行動傾向や変化
などを把握していく。

補足

①順番は希望者からでもよいが，全員が話せ
るように，順に当てる形式でもよい。

②すぐに発表できる人から発表してもらい，
その間に，他の人にも考えてもらう。

③どのように話したらよいか戸惑っているメ
ンバーには，ワークブック5ページを参考
にできることを伝える。

④誰からも手が挙がらなかった場合には，
ファシリテーターがサブファシリテーター
を指名して，見本を見せる。

⑤考えてこなかったなど，発表できないメン
バーがいても，ホームワークではないため
強制はしない（但し，3回以上連続でまっ
たく考えてこなかった場合には，セッショ
ン終了後，モチベーションを高める働きか
けを行う）。

⑥プライベートなことを話してしまう人に
は，サブファシリテーターが適宜声掛けを
する。

復習

12分

第4回の振り返り

→ワークブック9ページ
　のルールを確認する

→前回学んだ内容につい
　ては，補足に記載され
　ているページについ
　て，ファシリテーター
　が読み上げながら確認
　する

※適宜，必要なところで
　「ホームワークの確認」
　をしても構いません

ファシリテーターが説明をすることが中心に
なるが，まとめのページは，メンバーが文章を
読み上げるなど，相互のやり取りをしながら進
める。（19ページの注を参照）

補足　「服を脱いでもよい場面，いけない場面③」
　　　49ページ
　　　「さわってもよい人，さわってもよい場面①」
　　　50ページ
　　　「性行為をしてはいけない相手」52ページ
　　　「第4回のまとめ」55ページ
　　　の内容は必ず復習する。

第5回

ホームワークの確認

12分

ホームワークの確認

→ホームワーク④の内容
　を発表し，共有する

自分で考えたルールについて優先的に発表し
てもらう。最後にまとめとして「これからも社
会的ルールを意識して過ごしましょうね」と促
す。

【想定される内容】
・外でエッチな動画を見ない
・人のことをじろじろ見ない　など

補足　①自分でルールを考えたメンバーがいた場合
　　　→発表してもらい，大絶賛する

　　　②自分でルールを考えたメンバーがいなかっ
　　　　た場合

→「プライベートなことに関わることもある
ので，言いづらいかもしれませんね」など
と声掛けをし，すでに記入してある４つの
ルールについて，「守ることができた人？」
と挙手制で問う。

導入 1分

第5回の目的の確認
・どのようなことが性犯罪
　にあたるのか考える
・自分の違法な性行動に
　ついて振り返る
・性行動がもたらす結果
　について考える

　ファシリテーターから第5回の目的と内容を
簡単に説明する。表紙（57ページ）と構成表
（タイムスケジュール・58ページ）に簡単に目
を通してもらうとよい。

ワーク① 22分

I. 違法な性行動
1-1 違法な（やって
　はいけない）性行
　動① 5分
➡強姦や痴漢など，相手
　のからだに直接触れる
　性犯罪について説明する

　しばらく説明が中心になるが，メンバーに読
み上げてもらうなど，集中力が途切れないよう
相互交流を行いながら進める。

　ワークブック59ページに沿って進め，導入
として，違法ではない行為について挙手制で尋
ねてから内容に入る。

> 「例えば，彼女と手をつないで歩くのは，
> 違法ですか？　違法ではないですか？」⇒違
> 法ではない
>
> 「恋人同士が家でキスをするのは違法です
> か？　違法ではないですか？」⇒違法ではな
> い

「自分では性行為だと思っていない行動が，実は性行為に含まれることがあります。特に違法とは思わずに行っている行動がないか確認するようにしてください」

「それでは，違法な性行動にはどんなものがあるか，詳しく見てみましょう」

メンバーに各内容を読み上げてもらう。

60 ページの「違法な（やってはいけない）性行動②」に進む前に，「今紹介したのは，すべて相手のからだにさわる性行動でしたね。他にも，からだを直接さわったりしない，こんな行動も違法な性行動と言われています」と説明してから②に入る。

各内容をメンバーに読み上げてもらう。

61 ページの「違法な（やってはいけない）性行動③」に進む前に，「次に説明するストーカーとデート DV は，性犯罪につながることもある違法な行動です」と前置きしてから③に入る。

1-2 違法な（やってはいけない）性行動② **4分**

・ ワークブック **60** ページに沿って進める

➡ 直接相手に触れない性犯罪について説明する

第**5**回

各内容をメンバーに読み上げてもらう。

最後に「このように，性犯罪にはいろいろな種類がありますが，どれも必ず相手を傷つける，やってはいけない行動です」と，まとめとして説明する。

1-3 違法な（やってはいけない）性行動③ 4分

・ ワークブック **61** ページに沿って進める
➡違法な性行動につながる違法行為について説明する

（ワークブック **61** ページ）

1-4 違法な（やってはいけない）性行動④ 9分

➡性犯罪についての○×クイズに回答し，答え合わせをする

（ワークブック **62,63** ページ）

ワークブック 62，63 ページに各自○×を記入する。ファシリテーターは巡回して事前に答えをチェックしておく。サブファシリテーターは，問題番号と○×の答えをホワイトボードに記入する。

補 足

①一人ずつ当てて回答してもらう場合は，答えが合っていた問題を発表してもらうように配慮する。

②×の問題について，○と回答するメンバーがいる場合は，どういう点で○と考えたのかを尋ね，グループで共有する。

【答え】
22 ページの※1 「間違いを指摘しない」を確認して下さい
①×：強制わいせつ

②×：盗撮

③×：後ろからついていく→ストーカー

④○：「いいよ」と言った

⑤×：痴漢等犯罪

⑥○：親戚の子を預かる＝保護者も知っているため，誘拐ではない

⑦×：18歳未満の児童のため，嫌がっていなくてもダメ

⑧×：18歳未満の児童のため，嫌がっていなくてもダメ

⑨×：のぞき

⑩×：窃盗

⑪×：デートDV

休憩 10分

休憩

休憩に入る直前に，後半が○時○分から始まる，と明確に伝える。

ワーク①続き 10分

2-1 自分が行った違法な性行動について① 4分

➡メンバー自身の性犯罪について記入する（3分）

➡書けなかったメンバーがいれば，ファシリテーターはそのメンバーをメモしておく

➡実際の犯罪について発表するのは負担が大きいため，記入のみで共有はしない

各自64ページに記入する。ファシリテーターは，思い出したくない気持ちや書きづらい気持ちに共感しつつ，それでも同じことを繰り返さないためには向き合う必要があることを伝える。

なるべく詳細に思い出し，できればどのような気持ちだったのかも記載するように促す。また，記入した内容は皆で「発表，共有しない」ことを伝えて，安心して記入できるようにする。

➡️代わりに「第4回**3**性
行為をしてはいけない
相手（52ページ）」か
ら，違法な年齢と関係
性についてファシリ
テーターが説明し，復
習する（1分）

※刑法では13歳未満／
児童福祉法条例では18
歳未満という規定が
ある

※刑法とは，犯罪とそれに
対する刑罰の関係を定
めている法律のこと。

※児童福祉法条例とは，
児童福祉法に規定され
る淫行，売春等につい
て各自治体が定めた処
罰の規定のこと。

（ ワークブック64ページ ）

2-2 自分が行った違
法な性行動につい
て② **6分**

➡️メンバー自身が逮捕さ
れた時のことを思い出
して／または想像して
記入する（3分）

「みなさんの中には，もう忘れてしまいた
いと思っていたり，なかったことにしたいと
いう気持ちの人もいるかもしれません。です
が，同じことを繰り返さないようにするため
には，自分のしたことや，その時どんな気持
ちだったのかなどを自分自身がわかっておく
ことがとても大切です。もちろん，書いた内
容は発表する必要はありませんので，誰もみ
なさんがしたことを責めたりしません。ここ
で書いたことが，このグループに関係してい
ない人や警察に知られてしまうこともありま
せんので，心配しなくて大丈夫です。どんな
小さなことでもいいので，自分がしたことや，
その時の気持ちを頑張って思い出して書いて
みましょう」

補足 共有しなくてもよい内容（事件の詳細等）
をメンバーが自発的に話してしまった場合の
対応については，スタッフ間でも検討してお
く。

65ページに各自記入する。

「このメンバーの中には，逮捕されたこと
がある人も，逮捕されたことがない人もいる
かもしれません。逮捕されたことがない人は，
もし自分が逮捕されていたらと想像して，一
緒に考えてみましょう」

ワークブック 65 ページ

➡3つ目の「警察に逮捕
された時，考えたこと
や感じたこと」につい
て一人ずつ発表する
（3分）

補足 ①メンバーの中には，逮捕された経験のある
人，不起訴になり逮捕されたことのない人
のどちらもいる可能性がある。そのため，
逮捕された経験のある人がメンバー間でわ
かってしまわないよう十分配慮する。

②記入する内容は，逮捕直後のことでも留置
後のことでもどちらでもよいことを伝え
る。

③記入が難しそうな場合は，ファシリテー
ターが適宜声掛けをする。

　負担が大きいため詳細について発表する必要
はないが，逮捕された時の思考や感情は，リラ
プスプリベンションでも扱える内容になるた
め，一人一言でも発表できる範囲で発表しても
らう。

　次の内容に入る前に質問をするので，「まだ
ページをめくらないでください」と伝える。

ワーク②

Ⅱ. 違法な性行動を
　　行った後の環境
❸違法な性行動を
　するとどうなる？
　5分
➡違法な性行動を行うと
　どんなことが起こるか，
　みんなで考える

　（65ページを開いたまま）「それでは，違法な
性行動を行って警察に逮捕されるとどんなこと
が起こると思いますか？」と尋ねる。数人のメ
ンバーを当てるかたちでも，全員に回答しても
らうかたちでも，どちらでもよい。

　サブファシリテーターは，メンバーの意見を
ホワイトボードに書き出しておく。

ワークブック 66 ページ

補足

①回答がうまく導けなかった場合は,「どんなつらい（いやな）ことがありますか?」などと尋ねる。

②メンバーが自発的に発表した場合を除いて,メンバーの身に実際に起こったことを聞くのは負担が大きい場合もあるため,こちらから問いかけることはしない。

③意見が出なければ,ファシリテーターから下記の例を伝える。

例:
・自由にテレビが見られない
・外に出られない
・自由におやつが食べられない
・寝る時間や起きる時間が決まっている
・小さな部屋で他の人と一緒に過ごすことがある
・たくさんのルールがある　など

　一通り済んだらページをめくって 66 ページの内容に入る。

補足

①枠の内容はメンバーに読み上げてもらう。
→メンバーが発表した内容で,66 ページの内容と重なるものや似ているものがあれば,「先ほど○○さんが考えてくれたように……」とメンバーの発表と関連付けながら補足してもよい。

②最後に「逮捕されても,すぐに釈放される場合と,留置所に長く入る場合があります。難しい言葉ですが,大切なことなので覚えておきましょう」と説明する。

【釈放】身柄の拘束が解除されること。
【留置所】被疑者や被告人を収容する,各都道府県警察内に設置された留置施設のこと。

4 違法な行為による 生活の変化 15分

➡逮捕された後，生活に どんな変化があるか 記入する（10分）

ワークブック 67 ページ

➡共有する（5分）

67 ページに各自記入する。逮捕された後の自分の生活や，対人関係の変化について振り返ったり想像することで，逮捕されるとさまざまな不都合や不自由が生じるということを自覚して，再犯防止への動機づけを高める目的がある。

補足 ①仕事や学校の欄については，作業所やデイケアのことを記入してもよいと説明する。

②ファシリテーターは巡回し，記入が難しそうなメンバーがいれば，適宜サポートする。

③もしポジティブな意見が出てきた場合（例：拘置所で友達ができた，未成年だったので周りに事件のことを知られずに済んだなど）「拘置所に入っている間，不自由なことはなかったですか？」「もし事件のことが周りの人に知られていたとしたら，どう思いますか？」などと声掛けし，良くないことが起こるという認識へとつなげる。

一人一つは発表するようにする。メンバーからあまり出てこないようであれば，ファシリテーターが下記の想定される内容を紹介し，ワークブックに記入しておくよう促す。

【想定される内容】
・社会生活
　警察に逮捕されたことが近所の人に広まって，引っ越さないといけなくなった
・人間関係
　友達と連絡が取れなくなった，家族と疎遠になった
・仕事や学校
　警察に逮捕されたことで仕事・学校（作業所・デイケア）をやめないといけなくなった

第**5**回

- **法律的な制限**
  保護観察がつき，自由に旅行に行けなくなった　など

【罰金】犯罪の処罰として科せられる金銭のこと
【執行猶予】有罪判決を受けた人が，一定の期間中（執行猶予期間）に刑事事件を起こさなければ，その刑の効力が失われること。通常の生活を送る上での制限はない。
【保護観察】保護観察所の保護観察官から再犯をしないように監視されること。保護観察官との面接や更生プログラムが義務づけられたり，さまざまな制限もある。

5 より良い生活を続けるために 13分

- ワークブック68ページに沿って進める
- ➡自身の性犯罪について振り返りながら，逮捕されないためにどんなことが必要か記入する
- ➡実際の犯罪について発表するのは負担が大きいため，記入のみで共有はしない
- ※各内容について，ファシリテーターは警察に逮捕されたことがない人も想像しながら書くように適宜声掛けをする

ワークブック68ページ

誰が警察に逮捕されて，誰が不起訴になったのかなどが，他のメンバーにわからないように配慮する。

まずは1つ目と2つ目の●について記入してもらう。自分の犯罪について振り返り，どこで犯罪を止めることができたかを考えてみる。メンバーの知的能力によっては難しい内容ではあるが，うまく記入できなかったとしても，その取り組み自体を評価する。

「それでは，自分が違法な性行動をしてしまった時のことを思い出して，何が違法だったのか，その時どうしていれば違法なことをしないで済んだのか，考えてみましょう。発表する必要はありませんので，正直に書いてみてください」

次に，3つ目の●「今後，同じことしないためには，どんなことに気をつけたらよいと思いますか？」を記入する。

「それでは，今後同じことをして警察に逮捕されないようにするために，どんなことに気をつけて過ごしていればいいと思いますか？　例えば，事件の前にどんなことがあったのか（誰かと喧嘩したとか），原因となった場所や人について思い浮かべて，○○には行かない，○○には近づかない，などという風に考えてみてもいいかもしれませんね」

「これも発表する必要はありませんので，安心して書いてください」

補足　シビアな内容であったため，まとめに入る前にメンバーをリラックスさせる声掛けをする。「今日は書くことが多かったですが，集中できていてとてもよかったですね」など。みんなで深呼吸や伸びをしてもよい。

まとめ　 10分

❀セッションのまとめ
6分
➡第5回のポイントを押さえる

ワークブック69ページ

ワークブック69ページのまとめを読み上げる。

ファシリテーターとサブファシリテーターが自分の言葉に変えて説明する方が理解しやすい。

補足　必要に応じて，該当するワークブックのページを見直してもよい。

ホームワーク⑤　3分
➡「相手の気持ちを考えて気をつけたこと／し

第5回の違法な行動についての内容を引きずらないように，第6回「相手の気持ちと性行為」の

てあげたこと」の説明
と練習
➡練習の欄に記入する

ワークブック 70 ページ

導入として取り上げていることを説明し，他者の気持ちに焦点を当てることを意識するように促す。これまでの流れから違法行為に注目しているメンバーも多いと思われるので，ここでは違法な場面でなくてよいことも伝える。ファシリテーターとサブファシリテーターが例を実践してみせる。

「次回は『相手の気持ちと性行為』について学習します。まずは普段の生活の中で相手の気持ちを考えて行動した場面についてのエピソードを書いてみましょう」

補足 ①練習として，その場でメンバーに一つ記入してもらう（時間があれば）。

②自分が相手のことを思いやってしたことなら，どんなに些細なことを書いてもいいと伝える。

③書きづらそうなメンバーがいれば，ファシリテーターは「昨日はどんなことがありましたか？」などとメンバーに聞き，相手のために気をつけたことを思い出して書くよう促す。

④もし，気をつけられなかったことや，うまくいかなかったエピソードが出てきたら，その時どうしていればよかったかを考えて記入してもらい，来週までの間に実践できるように促す。

次回の予定
（プログラム実施日時）
の確認 1分

次回のプログラム実施日時を伝え，メンバーが理解していることを確認する。この際，下記のようにいくつかの大切なルールについては注意喚起を行うとよい。

16 ページ下方の吹き出し内を参照

第 **6** 回

相手の気持ちと性行為

目的

・「相手の気持ち」について学ぶ
・「相手の気持ち」のサインを知る
・「相手の気持ち」と性行為について考える

内容

❶第5回の振り返り：違法な性行動／違法な性行動を行った後の環境
❷自分の気持ちと相手の気持ち
❸相手の気持ちを確認する方法
❹相手の気持ちと性行為

準備するもの

・なし

振り返り

10分

1 週間の振り返り

➡前回のセッションから
の1週間にあった出来事
をメンバー一人ひとり
が発表する

➡最初に1〜2分程度
どんなことを話すか
考える時間を作る

➡ウォーミングアップな
ので，ごく簡単に一人
当たり1〜2分程度で
発表する

「それでは，前回も説明しましたように，
この1週間にどんなことがあったか聞かせて
ください」

　例として，ファシリテーターが最初に発表す
る。ファシリテーターは，毎回，メンバーの発
表を聞きながら，各メンバーの行動傾向や変化
などを把握していく。

補足

①順番は希望者からでもよいが，全員が話せ
るように，順に当てる形式でもよい。

②すぐに発表できる人から発表してもらい，
その間に，他の人にも考えてもらう。

③どのように話したらよいか戸惑っているメ
ンバーには，ワークブック5ページを参考
にできることを伝える。

④誰からも手が挙がらなかった場合には，
ファシリテーターがサブファシリテーター
を指名して，見本を見せる。

⑤考えてこなかったなど，発表できないメン
バーがいても，ホームワークではないため
強制はしない（但し，3回以上連続でまっ
たく考えてこなかった場合には，セッショ
ン終了後，モチベーションを高める働きか
けを行う）。

⑥プライベートなことを話してしまう人に
は，サブファシリテーターが適宜声掛けを
する。

78

復習

12分

第5回の振り返り

➡ワークブック9ページ
のルールを確認する

➡前回学んだ内容につい
ては，補足に記載され
ているページについ
て，ファシリテーター
が読み上げながら確認
する

※適宜，必要なところで
「ホームワークの確認」
をしても構いません

ファシリテーターが説明をすることが中心に
なるが，まとめのページは，メンバーが文章を
読み上げるなど，相互のやり取りをしながら進
める。（19ページの注を参照）

補足 「違法な（やってはいけない）性行動①②③」
59～61ページ
「違法な性行動をするとどうなる？」66ペー
ジ
「より良い生活を続けるために」68ページ
「第5回のまとめ」69ページ
の内容は必ず復習しておく。

ホームワークの確認

12分

第
6
回

ホームワークの確認

➡ホームワーク⑤の内容
を発表し，共有する

メンバーに一人ずつ発表してもらう。その時
の相手の反応などを聞いてもよい。

【想定される内容】
・①どんな場面
　　友達が泣いていた
　②気をつけたこと／してあげたこと
　　一人だと寂しいと思ってそばにいてあげた
・①どんな場面
　　お母さんが重そうな荷物を持っていた
　②気をつけたこと／してあげたこと
　　一人だと大変だと思って手伝ってあげた　など

補足 ①「ありがとうと言われた」「嬉しそうだっ
た」など，「相手が喜んでくれた」類いの

発言があれば，その時自分自身はどんな気持ちになったかなどを振り返るように働きかける。

②記入ができなかったメンバーには，1週間の振り返りで話した内容などもふまえ，相手のいる場面を例として挙げ，「○○さんは，□□の時，どう感じる？　どんなことをする？」など質問してもよい。

▌導入

1分

第6回の目的の確認
・「相手の気持ち」について学ぶ
・「相手の気持ち」のサインを知る
・「相手の気持ち」と性行為について考える

ファシリテーターから第6回の目的と内容を簡単に説明する。表紙（71ページ）と構成表（タイムスケジュール・72ページ）に簡単に目を通してもらうとよい。

※第6回については習得すべき内容が多く，受講者の知的レベルや社会性によっても理解度が異なるため，場合によっては個別に対応するか，あるいは少し時間を延長してもよい。

▌ワーク①

18分

I. 自分の気持ちと相手の気持ち
1 自分の気持ちと相手の気持ち　**3分**
➡ファシリテーターから説明する

ファシリテーターがワークブック73ページを読んで説明する。

台詞部分はファシリテーターとサブファシリテーターでデモンストレーションを行い，「これは相手の考えに賛成していると思いますか？」とメンバーを指名して質問し，簡単に回答してもらう。2つ目の例についても同様に進める。

ワークブック 73 ページ

相手の気持ちに賛成することは，自分の考えで一方的に決めたり，その決定を相手に押し付けることではないということを伝える。

> 「みなさんも，行きたかった場所に行こうと誘われたら，嬉しい気持になって『行きたい』とお返事すると思います。これは，相手の意見に賛成していることになります。では，例えばお化け屋敷が苦手な人はいますか？　お化けが苦手なのに，お化け屋敷に行こうと言われたら断りますよね。これは相手の気持ちに賛成していないことになります。断っているのに，むりやり連れていかれそうになったら，とても怖くていやな気持ちになりますよね。ホームワークでも練習してもらいましたが，相手の気持ちを考えることはとても大切なことです」

> 「(ファシリテーターが演技をしながら) では，『一緒にケーキを食べに行かない？』と誘った時に，相手が首を傾げて黙ってしまったら (サブファシリテータが演技をする)，相手の意見に賛成しているでしょうか？　それとも賛成していないでしょうか？」

> 「自分が相手の意見に賛成するかしないかを決める時に，迷うこともありますよね。では，次にいろいろな例を考えてみましょう」

❷相手の気持ちとは？ 3分

➡ファシリテーターから説明する

ファシリテーターがワークブック 74 ページの説明を読み，メンバー (2名) に台詞を読み上げてもらう。Bさんが相手の意見に賛成しているか賛成していないかを挙手で聞く。Bさんが相手の意見に賛成していることを全体で確認してから，右下の欄に行動 (したい) と書き込むように伝える。

相手の意見に賛成するためには，他にも「い

第6回

つ，誰と，何をするか」といった情報が必要であることを説明する。

同様に，75 ページの台詞部分をメンバーに読み上げてもらう。

ファシリテーターは巡回してメンバーの回答をチェックしておく。

回答が正しいメンバーを指名し，ファシリテーターが A さんの台詞を読み上げ，メンバーに B さんの台詞を読んでもらい，行動したいか，行動したくないかを答えてもらう。

ファシリテーターは，それぞれどうしてその回答になるのか理由を説明する。

いずれの例も「はい」「いいえ」と明言していないため，表情や言葉のニュアンスから判断する必要があることを説明する。相手の気持ちの確認が難しい場合は，一旦保留にして他者の意見を参

ワークブック 74 ページ

**3 行動したい？
行動したくない？**

4分

➡例 1，2 について右下
の（　）に「したい／
したくない」を記入し
てもらう（2分）

ワークブック 75 ページ

➡答えを共有する（2分）

82

考にするなどの選択肢もあることを伝える。

「みなさんが誰かを誘った時，相手から『いいよ／YES』あるいは『いやです／NO』と言われたことはありますか？　また，誰かに誘われた時，『します』『しません』とお返事をしたことはありますか？　普段の会話の中では，このようにはっきりと，相手の誘いを受け入れたり，断ったりすることは少ないかもしれません。でも，表情や言葉のニュアンスから，相手の気持ちや考えを汲み取って，相手がどう思っているのかを判断することは難しいこともあります」

【答え】
22 ページの※1 「間違いを指摘しない」を確認して下さい
例1：したい（「ちょうどよかった」というポジティブな発言があるため）
例2：したくない（苦笑いの表情や，渋っている口調からネガティブな感情が窺えるため）

4 「いいよ／YES」
　それとも
　「いやです／NO」 **3分**

➡例3について右下の
　（　）に（いいよ／
　YES・いやです／NO）
　のいずれかを選択して
　もらう（1分）
➡答えを共有する（2分）

同様に，76 ページの台詞部分をメンバーに読み上げてもらう。

「『いいよ』と返事をする時，多くの人は笑顔だったり，明るい表情をしています。例1の女性や，例3の男性もそうですね。でも，いつも相手が『いいよ』と言ってくれるわけではありません」

補足　相手の気持ちの確認が難しい場合は，一旦保留して他者の意見を参考にするなどの選択肢もあることを伝える。

ワークブック76ページ

⑤「いやです／NO」のサイン 5分

➡説明する
➡相手が嫌がっている時のサインについて記入する（2分）

ワークブック77ページ

【答え】
22ページの※1　「間違いを指摘しない」を確認して下さい
例3：いいよ／YES（来週までには返すという発言に対して笑顔で「わかった」と言っているため）

　ファシリテーターがワークブック77ページを読んで説明する。

　「もし相手の気持ちがわからなかった時には，自分で判断せずに，相手にはっきりと聞いてみることが大切です（多くのケースは，自分の都合のいいように考えがちです）。先ほどの例2の女の子（Bさん）のように，本当はいやだな，行きたくないなと思っていても，あいまいにごまかしたり，話を逸らしたりする人もいるかもしれません。そのような場合，相手が本当はどう思っているのか，その人の表情や行動，言葉などがヒントになることがあります」

　「また，迷っているようなそぶりを見せている場合も，心から『いい』と思っているわけではないはずです。相手もついつい同意していると思い込んでしまうこともあるかもしれませんが，注意しましょうね」

　「相手が嫌だなと思っている時のサインにはどんなものがあるか，絵を見ながら考えてみましょう」

補足　①なかなか書けないメンバーには，「自分は嫌だなと思っている時に，どんな顔をしていると思う？」などと質問したり，前のページを見返してもよいことを伝える。

　　　②イラストで伝わりづらい場合には，ファシ

リテーターやサブファシリテーターが演じ
てみせるとわかりやすい。

③「いろいろな表情」のイラスト（88 ペー
ジ）も参考にするよう促すとよい。

➡グループで共有する
　（3 分）

サブファシリテーターは答えをホワイトボー
ドに記入する。

補足　想定される答え以外にもさまざまな意見が
出ると思われるので，判断が難しい提案があ
れば，「みなさんはどう思いますか？」と尋
ねたり，ファシリテーターやサブファシリ
テーターの見解で判断する。

【答え】
22 ページの※ 1 「間違いを指摘しない」を確認して
下さい
＜表情＞（上から）
・怒っている，ムッとする　・泣いている
＜態度＞（上から）
・首を横に振る（イヤイヤをするなどでも可）
・震えている（怖がっている）
＜行動＞
・逃げる，その場を離れる

言葉や行動は時と場合によって一概に嫌がってい
るとは言えないものもあるため，その時々で相手の
様子をしっかり確認することが重要だと説明する。

「例えば『また今度』と言われた場合，本
当は行きたくないのに，その場しのぎで言っ
ているのか，予定が合えば行きたいと思って
いるのか，言葉だけでは判断しづらいことも
ありますね」

また，こちらの要求の内容によっても相手の

サインは変わることも伝える。

【無理やり性的なことをしようとした場合のサインの例】
＜強いサイン＞
・手を振り払う
・泣き叫ぶ
・怒りを表出する　など
＜弱いサイン＞
・からだを反らす
・顔をしかめる，無表情
・距離をとる　など

休憩 10分

| 休憩 | 休憩に入る直前に，後半が○時○分から始まる，と明確に伝える。 |

ワーク② 32分

Ⅱ. 相手の気持ちを
確認する方法
・ワークブック 78, 79
ページに沿って進める
6-1 相手の気持ちを
尊重する① 2分
➡ファシリテーターから
説明する

ファシリテーターがワークブック 78, 79 ページを読んで説明する。自分以外の他者も自分と同じ人間であり，同じように尊重されるべき存在であることを学ぶ。

「Bさんのようにはっきり『いやです』」と言えない人だからといって『Bさんは怒らないから別にいいや』と，相手の気持ちを尊重しないような態度はよくありませんね。Aさんだって，もし自分が同じことをされたらいやな気持ちになるはずです。自分がされていやなことは，人にもしてはいけませんね」

ワークブック 78 ページ

6-2 相手の気持ちを尊重する②

➡ ファシリテーターから
説明する（1分）
➡ A さんと C さんに対する
気持ちをそれぞれ記入，
発表する（2分）

ワークブック 79 ページ

➡ A さんと C さんのどち
らと食事に行きたいか
を挙手で尋ねる（2分）

第6回

「C さんのように相手の苦手なことはやらな
いようにしようと思った」「今度は C さんの好
きなところに行こうと思った」など，C さんに
対するポジティブな意見を中心にファシリテー
ターがピックアップし，自分も C さんのように
振る舞えば，周りの人から同じように思っても
らえる（尊重してもらえる）という理解につな
げられるようにする。

「自分が B さんだったら，A さんと C さん
のどちらとまた食事に行ったり，これからも
仲良くしたいなと思いますか？」

（記入，発表をふまえて）「A さんのように
自分の気持ちだけを優先して，人の嫌がって
いることをすると，された相手は必ずいやな
気持ちになりますし，同じように，A さん自
身も周りの人から尊重してもらえなくなって
しまうかもしれません。反対に，C さんのよ
うに相手の気持ちを尊重できる人は，周りの
人から信頼されて，同じように気持ちを尊重
してもらえるようになります」

「みなさんもCさんのように相手の気持ちを尊重することで，みなさん自身の気持ちも周りから尊重されるようになるといいですね」

７相手の気持ちを判断する練習をしよう

15分

➡ファシリテーターから説明する（2分）

➡ロールプレイを通して，相手が賛成しているか，賛成していないのかを読み解く練習をする

➡ロールプレイ1は1回のみ，2は役を入れ替えて2回行う

➡ロールプレイ1
（2分）

※①説明1分，ロールプレイ1分＝2分

※BさんはAさんと行動「したい」と思っている内容

ワークブック 80,81 ページ

80，81ページに沿ってロールプレイを行う。ペア決めに時間をとられないように，ファシリテーターがペアを決めて指定する。メンバーが奇数の場合は，サブファシリテーターがペアとなる。

初めにファシリテーターが設定や確認することを説明する。各ペアごとに，AさんとBさん役でロールプレイを行う。

ロールプレイ中もファシリテーターが巡回し，誘う役のメンバーが質問などに困っている場合は，横から適宜助言をする（例：「今週の日曜日に予定はありますか？」「○○は好きですか？」など）

「誘う役（ロールプレイ1ではAさん，ロールプレイ2ではCさん）の人は，ワークブックの『確認すること』に書いてある内容について質問してください。他にも思いついたことがあればどんどん自由に話してみてくださいね」

「誘われる役（ロールプレイ1ではBさん，ロールプレイ2ではDさん）の人は，難しいかもしれませんが，ワークブックの『様子』のところに書いてあるような表情や態度を意識してやってみてください。うまくできなくてもかまいません。もちろん，何か思いついたことがあれば，自由にやってみてください」

「ロールプレイ1の二人は仲が良いので，B
さんの予定が空いていそうな日や，食べ物の
好みもわかっていますね。なので，その情報
を基に，質問をしてみましょう」

➡ロールプレイ2
（6分）
※②説明2分，ロール
プレイ2分×2＝6分
※DさんはCさんと行動
「したくない」と思って
いる内容

ロールプレイが終わったら，BさんがAさん
と行動「したい」と思っているか挙手で尋ね，
その結果（答え）を80ページ右下の「Bさん
は，Aさんと行動（　　　）」の（　）の中に
記入する。　【答え】行動したい

「ロールプレイ2の二人は，まだお互いの
ことをよく知りません。なので，Dさんの予
定が空いている日がいつなのか，映画が好き
なのかわかりませんが，Cさんはアニメ映画
に誘ってみました。『確認すること』を参考
に，自由に質問を考えてやってみましょう」

ロールプレイが終わったら，DさんがCさん
と一緒に行動「したい」と思っているか挙手で
尋ね，その結果（答え）を81ページ右下の「D
さんは，Cさんと行動（　　　）」の（　　）
の中に記入する。　【答え】行動したくない

第
6
回

補足　　早く終わってしまっているペアがいる場合
は，ファシリテーターは，工夫した点や難し
かった点等，感想につながる部分を深められ
るように，質問をしておく。(例：「どんな質
問をしましたか？　それはどうして？（どん
な答えを引き出そうとしましたか？）」「相手
のどんなサインで，「いいよ／YES」／「い
やです／NO」と判断しましたか？」

→ロールプレイ2について、どうして「いいよ／YES」と言ってもらえなかったのか、どうすれば「いいよ／YES」と言ってもらえる可能性があるのか考える（5分）

次のページ（82ページ）をめくらないように伝える。

（81ページを開いたまま）「CさんはDさんに賛成してもらえませんでしたね。それはどうしてだと思いますか？」

挙手制でも当ててもよいので簡単に共有する。Cさんが自分の要求のみを伝えて、相手の希望を確認していないことに気づいてもらうために扱う。

下記回答の中でメンバーから出なかったものがあれば、ファシリテーターが適宜補足する。

【想定される内容】
・アニメ映画が苦手
・週末に用事があった
・Cさんの指定した場所が遠かった
・まだ仲良くなったばかりなので、二人で出かけるのは緊張した　など

8 「いいよ／YES」と言ってもらうために 10分

→ファシリテーターが内容を説明する（2分）

→ロールプレイをした感想を記入し（4分）、共有する（4分）v

82ページを開き、「いいよ／YES」と言ってもらうために確認するとよいことを説明する。メンバーに読み上げてもらってもよい。

このロールプレイに限らず、一般的に「いいよ／YES」と言ってもらうために重要なことが書かれているため、参考にしてほしいと伝える。

質問を工夫したとしても必ず「いいよ／YES」と言ってもらえるとは限らないこと、「いいよ／YES」と言ってもらえなかったからといって、メンバー自身が否定されていたり嫌わ

ワークブック 82 ページ

れているわけではないことを伝える。「いいよ／ YES」と言ってもらえなかった理由を考えることは大切だが，理由を明らかにすることに固執しすぎるのも良くないので（例えば「私のことが嫌いだから断ったのですか？」などと直接聞いたり，嫌われていると思い込んでしまうなど），まずは「いいよ／ YES」それとも「いやです／ NO」のどちらの気持ちなのかをしっかりと判断することが大切であることをまとめとして伝える。

ファシリテーターは，「いいよ／ YES」と言ってもらうための確認などについて，メンバー自身が失敗した体験があれば，なるべく具体的に記入するように促す。

補足 ①うまくできた等の前向きな発言があれば，「今後もうまくできたところを活かしていけるといいですね」など動機づけにつながるようなコメントをする。

②難しかった，うまくできなかったなどの発言にも，「自分にとって難しいところや苦手なところがわかったので，これからはその苦手なところを意識して相手の気持ちを考えれば，絶対にうまくできるようになると思いますよ」など動機づけにつながるようなコメントをする。

第6回

Ⅲ. 気持ちの確認と 性行為

9-1 気持ちの確認と 性行為① 5分

➡説明する

ワークブック 83 ページ

ファシリテーターがワークブック 83 ページを読んで説明する。メンバーに読み上げてもらってもよい。必要に応じて，第3回～第5回のワークブックを見直してもよい。

「いいよ」「いやです」の判断ができない人の「いいよ／ YES」は本当の気持ちではない可能性があることを強調しながら，次のように説明する。

> 「例えば，小学生の子どもに難しい言葉を使ってお願いごとをして『いいよ』と言われたとしても，本当にいいと思っているかはわかりません。また，さっきも勉強しましたが，『いいよ』『いやです』とはっきり口で言うことができない人も判断ができない人です。このような，『いいよ』『いやです』の判断ができない人に対しては，自分の考えで勝手に判断してはいけません」

9-2 気持ちの確認と 性行為② 3分

➡説明する

ワークブック 84 ページ

ファシリテーターがワークブック 84 ページを読んで説明する。メンバーに読み上げてもらってもよい。

相手の考え（いいよ／ YES）を確認することが難しい場面について，表にある相手（関係）と行動内容を照らし合わせて，適切な行動内容かどうかを考えてみましょう。

「例えば，相手が他人の場合，電車内で空席があれば隣の人に断らずに座ってもよいですよね。でもカフェやレストランで空席があったからといって，他人が座っているテーブルの席に座るのはもちろん良くないですし，どうしても空席がなくて困っている場合でも，お店の方に相談するなどして席を確保してもらった方が良いですね。友達の場合はどうでしょう。『本を貸して』というのは友達同士であれば問題ないことが多いですが，『お金を貸して』というのは，たとえ友達であっても良くない行動といえます。また，親子の場合は年齢や性別によっても，良い行動かどうか変わってくる可能性があります」

⑩ まとめのクイズ

7分

➡ まずはメンバーそれぞれで，「はい」か「いいえ」に○を付ける（4分）

➡ グループで共有する（3分）

ワークブック 85 ページ

85 ページに各自記入する。ファシリテーターから正解を発表する，あるいはメンバーの回答を確認した後，正しく回答しているメンバーを指名して発表してもらう。各項目について，不正解のメンバーがいた場合は，なぜその答えになるのかを説明する。

補足 ① 「ここでのクイズはすべて正解する必要がありますので，間違った項目があった人は，次回までにもう一度復習しておきましょう」と伝える。

②間違っているメンバーは指名せず，間違ったことが周りにわからないようにする。

【答え】すべて「いいえ」

22 ページの※1 「間違いを指摘しない」を確認して下さい

①小学生＝子ども（子どもと性行為をしてはいけない）

②「いいよ」と言えない人も判断できない人

③性行為がわからない人も判断できない人
④家族とは性行為をしてはいけない
⑤困った様子＝賛成／賛同していない
⑥「いいよ」と言っていない＝賛成／賛同していないサイン

まとめ 10分

セッションのまとめ
5分
➡第6回のポイントを押さえる

ワークブック 86 ページ

ワークブック 86 ページのまとめを読み上げる。ファシリテーターとサブファシリテーターが自分の言葉に変えて説明する方が理解しやすい。

補足 必要に応じて，該当するワークブックのページを見直してもよい。

ホームワーク⑥ **4分**
➡「日常生活での気持ちのやりとり」の説明

ワークブック 87 ページ

日常生活で誰かに頼みごとをするなど，相手に「いいよ／ YES」と言ってもらった場面，「いやです／ NO」と言われた場面について記載するように説明する。

補足 ①ファシリテーターも例として自分が誰かと気持ちのやり取りをした際，「いいよ／ YES」と言ってもらえた経験，「いいよ／ YES」と言ってもらえなかった／「いやです／ NO」と言われた経験を発表してもよい。

②賛成してもらえなかった場面については，どうして賛成してもらえなかったのか，理由を考えるように伝える。

次回の予定（プログラム実施日時）の確認

いろいろな表情

ワークブック88ページ

次回のプログラム実施日時を伝え，メンバーが理解していることを確認する。この際，下記のようにいくつかの大切なルールについては注意喚起を行うとよい。

16ページ下方の吹き出し内を参照

「いろいろな表情」のイラストは，第7回，第11回でも参考にしてもらう。

第**6**回

いやなことをされた時 どう感じる? ——被害者への共感

目的

・「被害を受ける」とは，どんなことなのかを知る
・こころやからだが傷つけられた時にどんな気持ちになるのか，性被害にあった人の気持ちを考える
・自分の事件について，被害者の気持ちを考える

第6回

相手の気持ちと性行為

内容

❶第6回の振り返り：自分の気持ちと相手の気持ち，相手の気持ちを確認する方法，「相手の気持ち」と性行為
❷「被害を受ける」ということ
❸被害を受けた時の気持ち
❹性被害にあった人の気持ちを知る，自分の事件の被害者について考える

準備するもの

・なし

10分

1 週間の振り返り

➡前回のセッションから
の1週間にあった出来事
をメンバー一人ひとり
が発表する

➡最初に1〜2分程度
どんなことを話すか
考える時間を作る

➡ウォーミングアップな
ので，ごく簡単に一人
当たり1〜2分程度で
発表する

 「それでは，前回も説明しましたよう
に，この1週間にどんなことがあったか
聞かせてもらおうと思います」

　例として，ファシリテーターが最初に発
表する。ファシリテーターは，毎回，メン
バーの発表を聞きながら，各メンバーの行
動傾向や変化などを把握していく。

補足

①順番は希望者からでもよいが，全員が
話せるように，順に当てる形式でもよ
い。

②すぐに発表できる人から発表してもら
い，その間に，他の人にも考えてもら
う。

③どのように話したらよいか戸惑ってい
るメンバーには，ワークブック5ペー
ジを参考にできることを伝える。

④誰からも手が挙がらなかった場合に
は，ファシリテーターがサブファシリ
テーターを指名して，見本を見せる。

⑤考えてこなかったなど，発表できない
メンバーがいても，ホームワークでは
ないため強制はしない（但し，3回以
上連続でまったく考えてこなかった場
合には，セッション終了後，モチベー
ションを高める働きかけを行う）。

⑥プライベートなことを話してしまう人
には，サブファシリテーターが適宜声
掛けをする。

復習　12分

第6回の振り返り

➡ワークブック9ページ
のルールを確認する

➡前回学んだ内容につい
ては，補足に記載され
ているページについ
て，ファシリテーター
が読み上げながら確認
する

※適宜，必要なところで
「ホームワークの確認」
をしても構いません

ファシリテーターが説明をすることが中心に
なるが，まとめのページは，メンバーが文章を
読み上げるなど，相互のやり取りをしながら進
める。（19ページの注を参照）

補足 「相手の気持ちとは？」74ページ
「『いやです／NO』のサイン」77ページ
「『いいよ／YES』と言ってもらうために」
82ページ
「気持ちの確認と性行為①②」83，84ページ
「まとめのクイズ」85ページ
「第6回のまとめ」86ページ
の内容は必ず復習しておく。

ホームワークの確認　12分

ホームワークの確認

➡ホームワーク⑥の内容
を発表し，共有する

ホームワークのまとめとして，以下の点を伝
える。

・相手のいる場面では，相手への提案に対し
て「いいよ／YES」と言ってくれたり，
「いやです／NO」と言われるという構造が
日常的にある。

・相手が「いいよ／YES」と言ってくれない
時には，必ず理由がある。

・「いいよ／YES」と言ってもらう時には，
相手がどう感じるかも考える必要がある
（場合によっては，相手を怒らせたり，悲

第7回

しませてしまうこともある）。

・「いいよ／YES」と言ってもらえなかった理由として「相手が意地悪だった」など，相手側の要因を挙げたり，相手への非難が記載されている場合は「こういう理由もあったかもしれませんね。では，○○さんは，どうしていたらよかったでしょうか」など，自分の行動を振り返るように促す。

これらのまとめから，第6回の振り返りにそのままつなげられる。

【想定される内容】
・「いいよ／YES」と言った人
　友達
・内容
　待ち合わせの時間を1時間ずらしてもらった
・気をつけたこと
　通院の予定があったことを忘れていたと素直に謝まった。別にいいよ，と言ってくれた
・「いやです／NO」と言った人
　ヘルパーさん
・内容
　ヘルパーさんと一緒に買い物に行った時，ケーキを買おうとしたらだめだと言われた
・「いやです／NO」と言われた理由（何がダメだったか）もともと予定になかったから急に追加してはいけないと言われた　など

導入

1分

第7回の目的の確認

- 「被害を受ける」とは，どんなことなのかを知る
- こころやからだが傷つけられた時にどんな気持ちになるのか，性被害にあった人の気持ちを考える
- 自分の事件について，被害者の気持ちを考える

　ファシリテーターから第7回の目的と内容を簡単に説明する。表紙（89ページ）と構成表（タイムスケジュール・90ページ）に簡単に目を通してもらうとよい。

ワーク①

7分

I.「被害を受ける」ということ

1「被害を受ける」ってどういうこと？

2分

➡被害者・加害者という立場の説明や，「被害を受ける」ことの具体的な内容を説明する

ワークブック91ページ

　ファシリテーターがワークブック91ページを読んで説明する。

　3「被害者として自分がされたこと」（93ページ）で，各メンバー自身の被害体験について振り返るため，ここでは被害者・加害者の説明に留め，深く掘り下げることはしない。「例えば，いじめられたことがある人もいるかもしれませんね」程度に留めておく。

第**7**回

101

② 「被害を受けた」時，どう感じる？

5分

- ➡ファシリテーターから ロールプレイの設定な どを説明する（1分）
- ➡二人が被害者・加害者 両方の役割を経験でき るように，1分×2セッ トを行う。（計2分）

- ➡被害者役の時，加害者 役の時にどう感じた か，感想を記入し，簡 単に共有する（2分）

ワークブック92ページ

ワークブック92ページに沿って進める。

ペア決めに時間を取られないように，ファシ リテーターがペアを指定する。メンバーが奇数 の場合，一人はサブファシリテーターと組む。

立ち上がって実施するとグループが落ち着か なくなるため，座ったままで，仕草をつけると いったかたちで行うとよい。

加害者役の時と被害者役の時の両方の感想を 書くように伝える。

感想の共有を通して，被害を受ける＝被害者 になるということはとてもいやな気持ちになる と同時に，加害者になるのもいやな気持ちに なってしまうということを説明する。

「被害者になってケガをしたり，傷つけら れると，悲しくなったり，つらい気持ちにな りますね。反対に，加害者として，相手を傷 つけると，ひどいことをした，傷つけた…… と自分を責める気持ちが出てきたりします。 被害者になっても，加害者になっても，いや な気持ちが残るという点は似ていますね」

102

Ⅱ. 被害を受けた時の気持ち

3 被害者として自分がされたこと　6分

➡自分が「被害を受けた」時のことを振り返り，まずはその出来事について記入する（2分）

➡次に，その時の気持ちや考えたことを記入する（2分）

➡被害体験の内容と，その時の気持ちについてグループで共有する（2分）

ワークブック 93 ページ

「ここまで，被害者・加害者の立場で考えてもらいましたが，みなさんの中には，実際に被害を受けたことがある人もいると思います。そこで，自分が『被害を受けた』時のことを思い出して記入してみましょう」

ワークブック 93 ページの説明を読む。

自分の被害経験をうまく言葉で表現できない，あるいはすぐに被害経験を思いつかないメンバーがいた場合は，ファシリテーターから「何かいやだった，つらかったことは？」「どこで？　誰と一緒だった？」など，適宜質問をしながら記入を促したり，「『被害を受ける』ってどういうこと？」（91 ページ）のような経験がないかなど，声掛けを行う。

補足　気持ちがうまく言葉で表せない場合は，「考えや気持ち」の枠や「いろいろな表情」のイラスト（ワークブック 88 ページ）の中から選んでもいいことを説明する。

自分の体験について話せるメンバーに発表してもらう。被害体験の内容については，話したくないメンバーは無理に話す必要はないと伝えておく。

補足　もし「特に何とも思わない」「いやな気持ちにはならない」といった発言があれば，掘

第7回

り下げて質問する必要がある。「もしかした
ら，その時ケガしていたかもしれないですよ
ね。そう考えると，どんな気持ちになります
か？」「そのせいで大事な用事に遅れていた
ら，困りますよね」など声掛けをし，怖かっ
たことや痛かったこと，困ったことなどの経
験や感情を引き出せるようにサポートする。

共有の流れから，ファシリテーターは実際に
メンバーが記入した気持ちに対して共感するよ
うな声掛けをしてみてもよい（次のテーマの共
感につなげるきっかけにもなる）。
　「○○（メンバーの被害体験）で○○（その
時の気持ち）という気持ちになったと聞いた時，
みなさんだったら，どんな言葉をかけますか？」
→次のページ（94ページ）に進む。

◢あなたを傷つけた 人はどう感じてい た？ 6分

➡メンバーの被害経験を した時の加害者はどん な気持ちだったかな ど，想像して記入する （3分）

ワークブック 94 ページ

 「では，もう一度自分が被害者になった時 のことについて考えてみましょう」

ファシリテーターがワークブック 94 ページ
を読んで説明する。上の枠には，当時の加害者
の気持ちや考えを想像して書いてもらう。全体
的に記入が難しい雰囲気があれば，「例えばこ
ういう意見がありました」と言って，次のよう
な想定される内容を挙げてもよい。

【想定される内容】
・何も言わないし，嫌がってないんだろう
・からかっているとおもしろいな
・こんなのたいしたことないよ　など

補足 ①第5回の「自分が行った違法な性行動について①」（64ページ）を見直しながら考えてもよい。

②他者の視点で考えることが難しいメンバーもいるかもしれない。うまく記入ができないメンバーがいる場合は，ロールプレイの時，加害者役になった時に，どんなふうに思ったのかを書いてもよいと伝える。共有は行わないため，正直に書いていいことも伝える。

➡加害者の考えや気持ちに対して，被害者としての考えや気持ちを記入する（3分）

下の枠には，被害を受けた時の悔しさや傷ついた気持ちを思い出しながら書くよう伝える。こちらも共有は行わないため，正直に書いていいことも伝える。

【想定される内容】
・怖くて何も言えなかっただけなのにひどい
・馬鹿にされるのはつらい
・なんでこんなことされなきゃいけないんだ
・いつか仕返ししてやる　など

5-1 相手の気持ちがわかるって① 4分

➡共感についてファシリテーターから説明する（1分）

➡共感された時の気持ちについて記入，簡単に共有する（3分）

ファシリテーターがワークブック 95 ページを読んで説明する。

「例えばピンク色の吹き出しの中のような声掛けが『共感』です。こんな風に誰かに共感してもらったら，どんな気持ちになると思いますか？　想像して書いてみてください」

一人ひとりに発表してもらう時間はないと思われるため，ファシリテーターが巡回しながら適宜メンバーの回答を読み上げてコメントしてもよい。「そうですね。共感してもらえると安心しますよね」など。

ワークブック 95 ページ

【想定される内容】
・気持ちが楽になる
・自分だけじゃないんだと安心する
・不安がなくなる
・心強い　など

5-2 相手の気持ちがわかるって② 2分

ワークブック 96 ページ

ファシリテーターがワークブック 96 ページを読んで説明する。

ロールプレイの感想のページや，自分が被害者となった時の気持ちなどを振り返りながら，被害者としても，加害者としても，つらい気持ちやいやな気持ちになったことを思い出すように促す。

休憩

10分

休憩

休憩に入る直前に，後半が○時○分から始まる，と明確に伝える。

Ⅲ. 性被害にあった人の気持ちを知る，自分の事件の被害者について考える

➡ワークブック97, 98ページに沿って進める

※時間が足りない時は2つの事例のいずれかを行う

6-1 6-2 みんなで考えてみよう①②

10分

➡ファシリテーターが事例について説明する
（1分×2＝計2分）

➡各自で記入する
（2分×2＝計4分）

➡書いた内容をそれぞれ発表し，適宜他のメンバーの意見をメモする
（2分×2＝計4分）

ワークブック 97,98 ページ

事例検討を通して，メンバー全員で被害者の気持ちや考えについて話し合い，いろいろな考え方に触れることで，自分の考え方とは違う捉え方をする人もいるということに気づけるとよい。

また，プログラムの後半では気持ち（感情）と考えを分けて取り扱っていくため，ここでも「気持ちはどうでしょう」とメンバーに問いかけたり，意見が出なければ「"すごく悲しい"気持ちになりますよね」や，「"誰かに相談できないかな"と考えたりするかもしれません」などと，気持ちと考えを区別するかたちで説明するとよい（ただし，この段階ではメンバーが気持ちと考えを分けて理解していなくても構わない）。

【みんなで考えてみよう① 想定される内容】
・すごく悲しい（気持ち）
・つらい（気持ち）
・苦しい（気持ち）

・僕は汚いのだろうか（考え）
・誰かに相談できないかな（考え）
・巻き込まれたくないのはわかるけど，見て見ぬふりをするのもいじめているのと一緒だ（考え） など

【みんなで考えてみよう② 想定される内容】
・すごく悲しい（気持ち）
・つらい（気持ち）

第 7 回

・苦しい（気持ち）

・自分が汚れていく気がする（考え）
・もう電車に乗りたくない（考え）
・怖くて声が出ない（考え）
・気持ち悪いけど，やめてと言ったらもっとひどいこと
　をされたり，怒られるかも……（考え）
・痴漢されたと言ったら，周りの人から「あの人，痴漢
　されたんだ……」という目で見られるんじゃないか
　（考え）と恥ずかしい（気持ち）
・もし相手がわざとじゃなかったら（冤罪だったら）と
　思うと言い出せない（考え）
・怖いけど，警察を呼ぶと電車が遅れたり，仕事に遅刻
　したり，いろいろな人に迷惑がかかるから我慢しなけ
　ればならない（考え）　など

補足　①前述した「想定される内容」がメンバーの
　　　　発表で出なければ，ファシリテーターが補
　　　　足する。

　　　②「『つらい』『悲しい』『腹が立つ』といっ
　　　　た気持ちは共通していても，細かい感じ方
　　　　や考えは人によって異なることがあります
　　　　ね」と説明→たとえ自分が「たいしたこと
　　　　ない」「これくらいなら我慢できる」と思
　　　　うようなことでも，他の人からしたら「耐
　　　　えられない」と思うくらいつらいことなの
　　　　かもしれない……ということをわかっても
　　　　らえるとよい。

**7 性被害を受けて
感じること** 2分
➡ファシリテーターから
説明する

　ファシリテーターが99ページを読み上げ，
実際に性被害にあった人がどのように感じて
いるのかを説明する。
　原文をそのまま載せているため，文章が難し
く理解しづらいと思われる。そのまま読み上げ
た後に，どういう被害にあったのか，どんなふ

省略

うに感じているのかなどをわかりやすい言葉にかみ砕いて説明するとよい。

　被害者は恐怖感や惨めさなどを強く感じること，被害にあった後も被害のことを繰り返し思い出してしまい，ずっとつらい思いをし続けるということをまとめとして説明する。

「実際に性被害にあった人は『怖かった』『思い出したくないのに，思い出してつらい』と，被害にあった時も，今現在も，何年も経ってからもつらい思いをしながら生活することになります」

「ここまで，被害者・加害者の気持ちや，実際に性被害にあった人の気持ちについてみてきました。今度は，自分の事件について考えてみましょう」

8 自分の事件について振り返る **10分**

➡上の枠に，事件の時にどのようなことを考えたり，感じていたのかを記入する（3分）

ワークブック 100 ページ

　ファシリテーターがワークブック 100 ページを読み，事件の時に自分が思っていたことや感じていたことを素直に記入するように伝える。

補足 ①第5回の「自分が行った違法な性行動について①」（64 ページ）などを見直しながら考えるとよい。

②ワークに取り掛かれないメンバーには，第5回で説明したような事件を振り返ることの意味や，第1回で触れたプログラムの目的を改めて説明する。

　被害者の気持ちについて記入が進まないメン

ワークブック 99 ページ

第**7**回

バーには，適宜声掛けをする。

 補足　99 ページを参考にしてもよい。
「相手はどんな表情でしたか？」
「どんなことを言っていましたか？」

　メンバー全員が一言ずつ発表できるようにする。自分が行ったことを否認したり，被害者が悪いと責任転嫁するような発言があっても，今回は深く掘り下げることはしない。ただし，ファシリテーターまたはサブファシリテーターは，メンバーの発言をメモしておく（第8回で振り返るため）。

　ファシリテーターが101ページを読み上げる。

> 「自分の事件について振り返ってもらいましたが，その時，被害者だけでなく，みなさんの家族や友達，職場の人なども，いろいろな被害を受けたと思います」

などとつなげ，実際に起こったことなどを思い出してもらう。

　ファシリテーターが巡回し，適宜記入をサポートする。なるべく実際に起こったこと（家族から直接聞いたり，見たこと）を書けるとよいが，思いつかないようであれば，これまで学んできたことを踏まえ，どんなことが起こり得るか想像して書いてもらう。

➡下の枠に，その時被害者はどのようなことを感じていたと思うかを記入する（3分）

➡グループで共有する（4分）
※事件の内容自体に深く関わるようなことは話す必要はなく，あくまでその時の自分と被害者の気持ちのみを共有する

⑨加害者の周りの人
8分
➡ファシリテーターが説明する（2分）

ワークブック101ページ

➡自分の加害行為によって家族が受けた被害について各自記入する（2分）

家族に限定すると難しければ友達でも構わないが，一般的に一番被害を受けやすいのは「加害者家族」であることが伝わるようにする。

【想定される内容】
・近所の人に「あの人の家族が事件を起こしたらしいよ」などと噂されて外出しづらくなった
・事件のことが問題になり，家族が仕事を辞めなければならなくなった　など

➡自分の加害行為によって，家族が被害を受けた時の気持ちを各自記入する（2分）

　ファシリテーターが巡回し，適宜記入をサポートする。家族から直接言われたこと以外にも，これまで学んできたことを踏まえ，どんな気持ちになるか想像して書いてもらう。

【想定される内容】
・家族に「なんてことをしたんだ」と怒られた
・母親が泣いていた
・どうしてこんなことになってしまったんだろう
・自分たちの育て方が悪かったのだろうか……
・被害者やその家族に何とあやまればいいのかわからない
　など

➡差し支えない範囲で，被害にあった内容や家族の気持ちを発表する（2分）

　メンバーの家族の実体験を聞くことで，「自分のせいで（間接的に）被害を受けていたんだ」と家族の傷つきに気がついたり，「家族は自分のことを○○と思っていたんだ」などと家族の視点から，自分の事件のことを振り返られるようになるとよい。加害者としての他者視点取得の問題と，自身も被害者の家族として傷つく視点の両方を引き出していく。

10 大切な人が被害者
になったら **10分**

➡ファシリテーターが
説明する（2分）
➡大切な人が被害を受け
た時の気持ちについ
て，枠に各自記入する
（4分）
➡記載した気持ちを発表
する（4分）

ワークブック 102 ページ

ファシリテーターがワークブック102ページを読み上げ，自分の事件の被害者やその大切な人にもいろいろな事情があったはずということを考えてもらう。

「あなたの大切な人が被害にあったら，大
切な人と加害者についてあなたはどんな気持
ちになりますか」

97，98ページと同様に，メンバーに例を説明する際には「気持ち」と「考え」と区別する。たとえば「大事なかばんを盗まれてショックを受けています。きっと気持ちはがっかりしているでしょう」，「けがをさせてひどいと考え，怒りの気持ちがわいてきますよね」などと気持ちにもフォーカスをあてて説明する。

【大切な人について】
・大事なカバンを盗まれてショックを受けている（気持
ち：がっかり）
・どうしてケガをさせられたり，痛い思いをしなきゃい
けないんだ　など

【加害者について】
・大切な人にケガをさせてひどい（気持ち：怒り）
・大切な人にショックを与えて許せない（気持ち：憎し
み）　など

補足　直接被った被害だけでなく，二次被害など
にも目を向けたほうが被害者の気持ちを実感
としてわかりやすい。

「その時の被害だけではなく，被害者がケガや心理的ショックでその後の予定を中止しなければいけなくなるような二次被害も起こる可能性があります。被害者はたくさんの被害を受ける可能性があります」

まとめ　10分 🕐

✿セッションのまとめ
5分

➡第7回のポイントを押さえる

（ワークブック 103 ページ）

　ワークブック 103 ページのまとめを読み上げる。ファシリテーターとサブファシリテーターが自分の言葉に変えて説明する方が理解しやすい。

補足　必要に応じて，該当するワークブックのページを見直してもよい。

ホームワーク⑦　4分
「自分が傷つけた相手（事件の被害者）からの，加害者の自分に向けた手紙」の説明

　もし自分が起こした事件の被害者だったとしたらどのように感じるか，自分の事件の被害者になったつもりで，加害者の自分に向けて手紙を書くように説明する。

　相手の立場，気持ちになって考える，ということが目的であることも伝えておく。次回，手紙の内容については共有しないので，思った通りに書いていいことも伝える。

　手紙は，「性被害を受けて感じること」（99

ワークブック 104 ページ

ページ）「自分の事件について振り返る」（100ページ）を読み返しながら，どんなことがいやだったのか，加害者にどうなっていってほしいかなどを記入するように伝える。

次回の予定（プログラム実施日時）の確認 1分

次回のプログラム実施日時を伝え，メンバーが理解していることを確認する。この際，下記のようにいくつかの大切なルールについては注意喚起を行うとよい。

16 ページ下方の吹き出し内を参照

第 **8** 回

考え方のクセととらえ方
（認知）の歪み
―「否認と最小化」

目的

・悪いことをした時に認めるのが難しい理由を考え
　る
・考え方のクセ（否認と最小化）を理解する

内容

❶第7回の振り返り：「被害を受ける」ということ，被害を
　受けた時の気持ち，性被害にあった人の気持ちを知る，自
　分の事件の被害者について考える
❷自分がしたことを認められない理由を考える —— 否認と最
　小化
❸生活の中での否認や最小化について知る

準備するもの

・なし

振り返り

 10分

1週間の振り返り

➡前回のセッションから
の1週間にあった出来事
をメンバー一人ひとり
が発表する

➡最初に1～2分程度
どんなことを話すか
考える時間を作る

➡ウォーミングアップな
ので、ごく簡単に一人
当たり1～2分程度で
発表する

 「それでは、前回も説明しましたように、この1週間にどんなことがあったか聞かせてください」

　例として、ファシリテーターが最初に発表する。ファシリテーターは、毎回、メンバーの発表を聞きながら、各メンバーの行動傾向や変化などを把握していく。

補足

①順番は希望者からでもよいが、全員が話せるように、順に当てる形式でもよい。

②すぐに発表できる人から発表してもらい、その間に、他の人にも考えてもらう。

③どのように話したらよいか戸惑っているメンバーには、ワークブック5ページを参考にできることを伝える。

④誰からも手が挙がらなかった場合には、ファシリテーターがサブファシリテーターを指名して、見本を見せる。

⑤考えてこなかったなど、発表できないメンバーがいても、ホームワークではないため強制はしない（但し、3回以上連続でまったく考えてこなかった場合には、セッション終了後、モチベーションを高める働きかけを行う）。

⑥プライベートなことを話してしまう人には、サブファシリテーターが適宜声掛けをする。

復習／ホームワークの確認 24分

第7回の振り返り

➡ワークブック9ページ
のルールを確認する

➡前回学んだ内容につい
ては，補足に記載され
ているページについ
て，ファシリテーター
が読み上げながら確認
する

※適宜，必要なところで
「ホームワークの確認」
をしても構いません

ホームワークの確認

➡ホームワーク⑦で手紙
を書いた感想を共有する
（12分）

ファシリテーターが「第7回のまとめ」（103
ページ）を読み，要点を説明する。
（19ページの注を参照）

手紙の具体的な内容を発表するのは負担が大
きいため，被害者の立場で手紙を書いてみて感
じたことや思ったことなどを共有する。

「別に気にしていないと思います」などの意
見が出た場合は，第7回「被害者として自分が
されたこと（93ページ）」や「性被害を受けて
感じること（99ページ）」を見返すように促す。
また，他のメンバーの感想などを聞いて，どの
ように思うかを尋ねる。

【想定される内容】
・被害者はいやなことをされたら，その時のことを忘れ
　ないんだなと思った
・相手にちゃんと反省していてほしいと思った
・被害者の気持ちになったら，悲しくなった　など

➡各自ホームワークで書
いた手紙に対する返事
を記入する（7分）

ファシリテーターが「前回の復習」（107ペー
ジ）を説明する。

文章の上手い下手よりも，自分の言葉で正直
に書くことが重要であると伝える。

ホームワークで考えた被害者の気持ちを踏ま

第8回

117

ワークブック 107 ページ

前回の復習

えて，これからの自分をどうしていきたいか，という未来志向の部分も書けるように，ファシリテーターはメンバーの記入内容を確認しながら適宜助言する。

補足

①悩んでしまってなかなか書けないメンバーもいるかもしれないが，すらすらと書けるメンバーの方が表面的な謝罪や取り繕いになっている場合もあるため，誠実な姿勢を賞賛しつつ，ファシリテーターやエスコートスタッフが一緒に考えるという方法もある。

②頭ではなんとなく思い浮かんでいても，言葉としてうまく出てこないこともある。そうした時は「一番伝えたいことはどんなこと？」などと声を掛け，できる限り自分の言葉で書けるようにサポートする。

③「（被害者に）どう思われるかわからない」など被害者や支援者といった他者の評価を気にしている様子があれば，気持ちに共感しつつ，ここで書いたことは誰にも見せないし，誰も責めたりしないので，この場では自分の正直な気持ちを表現することが大切であると説明する。

④普段の生活の中で体験していることはイメージしやすいが，自分のしたことを認めたくない気持ちがある場合や，性被害者については想像しにくいことも多い。このような場合はファシリテーターが適宜サポートしながら進める。

➡感想を共有する（3分）

　加害者として手紙の返事を書いてみてどう思ったかなど，簡単に感想を共有する。

1分

第8回の目的の確認
・悪いことをした時に認めるのが難しい理由を考える
・性犯罪に関連した自分の考え方のクセを知る

ファシリテーターから第8回の目的と内容を簡単に説明する。表紙（105ページ）と構成表（タイムスケジュール・106ページ）に簡単に目を通してもらうとよい。

> 「今書いてもらった被害者への手紙や，自分が感じたことを被害者に伝えたとすると，被害者はあなたのことを『すっかり許してあげよう』という気持ちになると思いますか？ もしならないとしたら，どこが足りないと思いますか？ それを知るために，今日は自分の考え方のクセと認知の歪みについて一緒に考えたいと思います」

途中の問いかけには，答えが出なくてもよい。これからそれについて考えていくということを伝える。

ワーク①

30分

I. 自分がしたことを認められない理由を考える
——否認と最小化
１ もしも自分だったなら？ 5分

ファシリテーターがワークブック108，109ページを読んで説明する。Aさん，Bさん，Cさんの台詞部分はメンバーに読み上げてもらう。「自分だったらこう思う」といった具体的な考えや発言を挙げてもらうことで，どのタイプに近いのかが捉えやすくなる。

➡ファシリテーターが場面
の設定を読む。次に
Ａさん，Ｂさん，Ｃさ
んの考えを読んでもらう
➡その後，メンバーだっ
たら，どのように考え
て，どう話すかを，
109ページ下部の枠に
記入し，Ａさん，Ｂさ
ん，Ｃさんのうち，誰
の考えに近いのかを記
入する（10分）

ワークブック 108,109 ページ

補足

①どのタイプに近くても，メンバーを責める
ことはないので正直に答えてほしいと伝
え，「Ａさんの考えに近い人？（挙手）」な
どと，各メンバーがＡさん，Ｂさん，Ｃさ
んの誰に当てはまるのかを尋ねる。この時，
何人かのメンバーに具体的な考えを発表し
てもらい，各メンバーが自分の考えをＡさ
ん，Ｂさん，Ｃさんの例に合わせて正しく
選択できているかを確認する（実際にはＢ
さんに近い考えであっても，メンバー自身
が「Ａさんに近い」と判断し選択している
場合があるため）。

②ＢさんやＣさんを選んだ人がいれば「私
も，ついつい知らないふりをしてしまった
こともあります」「たいしたことないと考
えてしまうこともありますよね」などと
ファシリテーターがフォローし，Ｂさんや
Ｃさんを選ぶことは誰にでもあることだと
いうことを説明する。

　自分が悪いことをした時に，自分がしたこと
を認めやすい時はどんな時か考えてもらい，自
由に発表してもらう。

　ファシリテーターは「なるほど，そういう考
えもありますね」などとまずは意見を肯定する。
もし，不適切な内容があれば，「それはどうで
しょう。皆さんどう思いますか？」などと保留
する。ここでディスカッションをして深める必
要はない。

　おおむねメンバーの発言が終わったところ
で，「ではみなさんから出た意見も含め，Ａさ
んはどう考えていたか，もう少し考えてみま
しょう」と次ページのワークにつなげる。一方

で，意見が出なければ，「Aさんの立場で考え
てみましょう」などと次ページのワークにつな
げる。

[想定される内容]
・周りが許してくれると感じた時
・ずっと嘘をつくと自分が苦しい時
・自分がやったことをみんなが知っている時，など

ファシリテーターがワークブック 110 ページ
を読んで説明する。

まずは自分の考えを書くように促す。それ以
上思い浮かばないようであれば，ファシリテー
ターが「A さんは相手の立場で考えてみたり，
相手の表情を見たりして，すぐに謝ることがで
きたのかもしれませんね。その時の A さんの気
持ちを想像して書いてみてください」などの声
掛けをする。

続いて，すぐに謝るとどんな良い点があるか
も記入してもらう。

まずは自分の考えを書くように促す。それ以
上思い浮かばないようであれば，ファシリテー
ターが「自分が相手の気持ちになって謝っても
らった時の気持ちを想像したり，自分がすぐに
謝ることができた時の気持ちを想像してみると
よりわかりやすいかもしれません」などと声掛
けをする。

順番に発表してもらう。この時も，自分で考
えたものから話すように説明する。

**❷ A さんになって
考えてみよう** 10分

➡各自 A さんの気持ちを
記入してもらう（3分）

➡すぐに謝るとどんな良
い点があるか記入する
（3分）

ワークブック 110 ページ

➡グループで共有する
（3分）

サブファシリテーターは，メンバーの発表した内容をホワイトボードに書き写す。

➡A さんの気持ちの顔を
描いてみる（1 分）

> 「A さんがすぐに謝った時の気持ち，謝ったことで良い点があったことを想像してみた結果，A さんは今，どんな気持ちでしょうか。A さんの気持ちを表情にして絵に描いてみましょう」

ファシリテーターは最後に次のように伝える。

> 「A さんの気持ちの顔はどんな顔になりましたか。A さんはわざと悪いことをしたわけではないですよね。でも相手に悪いことをしてしまったと感じたり，相手が困っていると思うことができたので，すぐに謝ることができたのだと思います。相手にすぐに謝ることで，相手に誠意が伝わったり，相手といつも通りの関係を続けることができたりするのだと思います。自分がしたことを認めてすぐに謝ることには勇気が必要ですが，謝ることで謝る前よりも良い方向に進んでいくのだと思います」

**❸ 悪いことを認める
のが難しい理由**
　10分

➡ファシリテーターが
ワークを読んで説明する
（2 分）
➡各自記入してもらう
（5 分）
➡グループで共有する
（3 分）

ファシリテーターがワークブック 111 ページを読んで説明する。

前のページでは，自分が悪いことをした時に，相手に対してどのように思うか，考えるかを共有したが，このページでは，自分が悪いことをして認められない状況では，どんな気持ちや考えになるのかを記入する。

まずは自分の考えを書くように促す。それ以上思い浮かばないようであれば，ピンク色の枠

ワークブック 111 ページ

の中から選んで記入するように説明する。

　最後に，ファシリテーターは前のページと結びつけながら，それでも自分のしたことを認められない気持ちが出てきてしまうものだ，ということを伝える。この際，それが良いこと，悪いことという評価は加えずに「そういう現象がある」という中立の立場で話し，次ページの否認や最小化の話題へつなげる。

> 「悪いことをしたと認めない人に対しては，何か理由があったのでは，と思うこともある一方で，ずるい，ひどいといった，悪いことをした人を非難するような気持ちになることもあると学びました。それでも，自分が悪いことをしてしまった時，それを認められない，認めたくない気持ちが出てくることもあるのです。それはどうしてでしょうか。次のページで見てみましょう」

║ 休憩　　　　　　　　　　10分

休憩　　　　　　　　休憩に入る直前に，後半が○時○分から始まる，と明確に伝える。

第8回

║ ワーク①続き

**4 自分がしたことを
認められない理由**
5分

　ファシリテーターがワークブック 112 ページを読んで説明する。台詞部分はメンバーに読んでもらってもよい。

123

「否認」「最小化」は専門用語のため理解が難しいことも考えられるが，あえてそのまま使用することにより，メンバーの自尊心を高めるというねらいがある。

➡ファシリテーターから説明する

ワークブック112ページ

「否認や最小化って，あまり聞き慣れない言葉ですよね。実は，こうした言葉は，心理学の博士のような専門家が使う言葉なんです。少し難しいかもしれませんが，とても重要な言葉なので，覚えておいてくださいね」

補足

①ファシリテーターが説明している際，「悪いことをした時に認めるのが難しい理由」でメンバーから挙がった考えの中で，否認や最小化に該当するものがあれば，サブファシリテーターはメモしておく。

②第7回の「自分の事件について振り返る」（100ページ）で記入していた考えを各メンバーに振り返ってもらい，否認や最小化に該当するものがあれば，それを取り上げてもよい。

③「自分のやったことを認めなかったり，別に悪いことではないと考えることで，その時は気持ちが楽になるかもしれません。でもその楽な気持ちはずっと続きますか？後で，くよくよと考えてしまうこともありますよね」「また，自分を傷つけた相手が『別にたいしたことない』とか，『そんなことしてないよ，覚えていない』と言ったら，いやな気持ちや悲しい気持ちになりますよね」などと例を挙げて，否認や最小化はついついやってしまうかもしれないが，加害者にのみ都合のいい考え方であり，良くない考えの1つであると実感してもらえるように説明する。

ワーク②

35分

II.生活の中での否認と最小化の考え方について知る

5 毎日の生活にある「否認」と「最小化」

10分

➡ファシリテーターから説明する（1分）

➡各自で記入する（5分）

ワークブック113ページ

➡回答を共有する（4分）

ファシリテーターは，ワークブック112ページの否認と最小化の定義について軽く触れながら，113ページを読んで説明し，各自記入する。

困っているメンバーには，ファシリテーターは112ページの否認と最小化の吹き出しがヒントになることや「どちらの言葉に近いと思いますか？」など，適宜助言する。

補足 ファシリテーターとサブファシリテーターは，巡回しながら正答の人を見つけておく。否認と最小化は，最初は理解することが難しいメンバーもいるかもしれないため，間違えてしまった時に，苦手意識が高まらないように配慮する。

メンバーからの回答の後，ファシリテーターは各設問の正答について，理由と合わせて説明をする。

言葉では難しく感じるが，最初の弁当の例にあったように，生活の中では身近にある，よくある考え方であることを伝える。

「先ほども専門家が使う難しい言葉と言いましたが，否認や最小化という言葉は難しく感じますね。でも，こうしてみてみると，毎日の生活の中でこうした考えをすることは意外と多いのかもしれません」

第8回

【答え】上から順に
- 否認：自分が借りたことを否定する
- 最小化：遅れたことは悪いことなのに「ちょっとだから」「来たからいい」と，たいしたことではないと考えている
- 否認：頼まれたこと自体をなかったことにしている
- 最小化：人に迷惑をかけているのに，「ちょっとくらいいいか」と思っている

6 こんな時，どんなふうに考えますか？ 25分

➡ファシリテーターから説明する（3分）
➡各自で記入する（10分）

ワークブック 114,115 ページ

➡回答を共有する（12分）

ファシリテーターは，ワークブック 114，115ページを読んで説明し，各自記入する。

「もしこういう状況になったらと想像してみましょう。自分だったらこう考える，『こんな人もいるかもしれない』でもよいので，いろいろな言い訳を考えてみましょう」

補足　ファシリテーターとサブファシリテーターは，巡回しながらメンバーの回答を確認し，否認や最小化に該当するものがあれば，メモしておく。

発表してもよいというメンバーがいれば，思いついた言い訳をいくつか発表してもらう。その他に，巡回しながら否認や最小化に該当する言い訳を記入していたメンバーを確認し，良い意見の人を指名して発表してもらってもよい。

ファシリテーターは，メンバーの発表を聞きながら，否認や最小化に該当する箇所を説明する。サブファシリテーターは，メンバーの回答をホワイトボードに記入する。

共有した後，否認や最小化はクセとして自然

126

に出てきてしまうものであるということを説明する。

　なお，例えば，②の本にお茶をこぼした場面では，否認の例があげられているが，「ちょっと汚れただけなら問題ない」といった最小化の考えが出てくることもある。ファシリテーターは【想定される内容】に記載されていないパターンや，否認と最小化の両方の考えがあがる可能性も理解しておく。

「もちろん，全部してはいけないことだというのはわかっていて書いてもらったと思います。いろいろな言い訳が出てきましたが，自分の考えに近い，自分もこう考えてしまうといったものはありませんでしたか？」

【想定される内容】
①他の人も渡っているし，事故に遭わなければいい（最小化）
②借りた時に汚れてたと思う。僕は汚していないよ（否認）
③ゴミもそんなにたまってなかったし，１日くらい大丈夫（最小化）
④仲が良いから少しなら許してくれるだろう（最小化）
⑤自分で扉を開けたわけじゃないからのぞいていない（否認）
⑥１冊くらいじゃ誰にも迷惑がかからない（最小化）
⑦嫌がっていなかった（否認）　など

まとめ

⚘セッションのまとめ

5分

➡第8回のポイントを
押さえる

ワークブック116ページ

ワークブック116ページのまとめを読み上げる。ファシリテーターとサブファシリテーターが自分の言葉に変えて説明する方が理解しやすい。

補足 必要に応じて，該当するワークブックのページを見直してもよい。

ホームワーク⑧ **4分**

➡「わたしの考え方のクセ」
について説明する

ワークブック117ページ

ワークブック118,119ページ

ワークブック117ページの解説を読み，118，119ページにある25個の考えについて，考えたことがあるものに○をつけるよう伝える。

この時，「①事件の時」と「②今の自分」と2つの時点について考えて，それぞれ白い四角の中に○を付けるようにする。

なお，それぞれの考えは，第8回で扱った否認と最小化のいずれかに該当するよう作成されている。「①事件の時」「②今の自分」のチェック欄は，左は否認の項目例，右は最小化の項目例となっており，第9回冒頭のホームワークの確認で行う集計作業に対応している。

補足 ①まずは「事件の時」を思い出して，その時の考えで当てはまるものにチェックをする。その後，「今の自分」という欄にチェックをするように伝える。

②「少しでも当てはまるものがあれば○をつ
　けてください」と伝える。

**次回の予定
（プログラム実施日時）
の確認** 1分

　次回のプログラム実施日時を伝え，メンバー
が理解していることを確認する。この際，下記
のようにいくつかの大切なルールについては注
意喚起を行うとよい。

 16ページ下方の吹き出し内を参照

第 **9** 回

性犯罪と関連した 考え方のクセと とらえ方（認知）の歪み

目的

・性犯罪に関連した考え方のクセととらえ方（認知）の歪みを理解する
・性犯罪に関連した自分の考え方のクセを知る

内容

❶第8回の振り返り：自分がしたことを認められない理由を考える，生活の中での否認と最小化の考え方について知る
❷性犯罪に関連した考え方のクセととらえ方（認知）の歪み
❸性犯罪に関連した自分の考え方のクセ

準備するもの

・否認と最小化を色分けした「わたしの考え方のクセ」のプリント（メンバーの人数分）

1週間の振り返り

➡前回のセッションからの1週間にあった出来事をメンバー一人ひとりが発表する

➡最初に1～2分程度どんなことを話すか考える時間を作る

➡ウォーミングアップなので，ごく簡単に一人当たり1～2分程度で発表する

> 「それでは，前回も説明しましたように，この1週間にどんなことがあったか聞かせてください」

　例として，ファシリテーターが最初に発表する。ファシリテーターは，毎回，メンバーの発表を聞きながら，各メンバーの行動傾向や変化などを把握していく。

補足

①順番は希望者からでもよいが，全員が話せるように，順に当てる形式でもよい。

②すぐに発表できる人から発表してもらい，その間に，他の人にも考えてもらう。

③どのように話したらよいか戸惑っているメンバーには，ワークブック5ページを参考にできることを伝える。

④誰からも手が挙がらなかった場合には，ファシリテーターがサブファシリテーターを指名して，見本を見せる。

⑤考えてこなかったなど，発表できないメンバーがいても，ホームワークではないため強制はしない（但し，3回以上連続でまったく考えてこなかった場合には，セッション終了後，モチベーションを高める働きかけを行う）。

⑥プライベートなことを話してしまう人には，サブファシリテーターが適宜声掛けをする。

132

第8回の振り返り

➡ワークブック9ページ
のルールを確認する

➡前回学んだ内容につい
ては，補足に記載され
ているページについ
て，ファシリテーター
が読み上げながら確認
する

※適宜，必要なところで
「ホームワークの確認」
をしても構いません

　ファシリテーターが「第8回のまとめ」（116
ページ）を読み，要点を説明する。

　ファシリテーターが説明をすることが中心に
なるが，まとめのページは，メンバーが文章を
読み上げるなど，相互のやり取りをしながら進
める。（19ページの注を参照）

|補足| 「Aさんになって考えてみよう」110ページ
「悪いことを認めるのが難しい理由」111ペー
ジ
「自分がしたことを認められない理由」112
ページ
「第8回のまとめ」116ページ
の内容は必ず復習する。

ホームワークの確認

ホームワークの確認

➡ホームワーク⑧を確認
する

（ワークブック122ページ）

　サブファシリテーターが否認と最小化を色分
けした「わたしの考え方のクセ」プリント（マ
ニュアル148〜149ページ）を配布し，今の自
分の考え方のクセは否認と最小化のどちらが多
いのか確認するよう伝える（このプリントは，
後ほども使用する）。「①事件の時」と「②今の
自分」それぞれで，左の列は"否認"，右の列
は"最小化"のクセであることを説明し，それ
ぞれ○の個数を数えるよう説明する。

　ワークブック123〜124ページに例示したよ

うに，考え方のクセには他にも種類があるが，ここではまず大きく「否認」と「最小化」の2つに分けて理解を促す。うまく当てはまらないものが出てくることもあるため，その場合には，「これら2つに当てはまらない場合もあります」と伝え，両方の側面を説明してもよい。

122ページ下に，○のついた項目の数を否認と最小化でそれぞれ数えて記入する。

「ここに書かれている考えは，性犯罪につながりやすい考え方のクセです。どの考えも，自分の行動を『仕方がない』と考えていたり，被害者の気持ちを無視するような内容ですね。○がついたところが自分の考え方のクセですから注意しましょう」

補足　今回のセッションの前に，否認と最小化を色分けした「わたしの考え方のクセ」プリントを用意しておく。

【答えの例】
否認：自分は悪くないといった考え
最小化：これくらい大丈夫といった考え
※否認と最小化は区別しにくいところがあります。厳密な定義が決められているわけではないので，参加メンバーが理解しやすいように説明を変更することは構いません。

1.　最小化：自分が相手にした性犯罪をたいしたことではないと考えている，相手の「NO」を軽くとらえている
2.　否認：無理矢理性行為をしたことを認めていない，手の拒否に気がつかない
3.　最小化：性犯罪を「たいしたことがない」と軽く考えている
4.　最小化：痴漢といった性犯罪を小さくとらえている

5. 最小化：自分の性行為・性犯罪をたいしたことがないと考えている，相手のことを軽く考えている

6. 否認：子どもが性犯罪によって傷つくことを認めていない

7. 否認：誘っている相手が悪く，自分は悪いことをしていないと考えている

8. 否認：自分の行った犯罪行為を「起こっていないこと（＝バレていないからやってない）」と考えている

9. 否認：誘っている相手が悪く，自分は悪いことをしていないと考えている

10. 最小化：自分の性行為・性犯罪をたいしたことがないと考えている，相手のことを軽く考えている

11. 最小化：子どもが受けた被害を小さくとらえている

12. 最小化：違法な行為を「いつでもやめられる」小さいことだと考えている

13. 否認：女性が望んでいるから，自分は悪いことをしていないと考えている

14. 否認：女性が望んでいるから，自分は悪いことをしていないと考えている

15. 否認：意図的に触ったわけでないから，犯罪ではないと自分の性犯罪を認めていない

16. 最小化：自分の性行為・性犯罪をたいしたことがないと考えている，相手のことを軽く考えている

17. 最小化：自分の都合で性的なことをすることが「悪いこと」ではないと考えている

18. 否認：下着を外に干している相手が悪く，自分は悪いことをしていないと考えている

19. 最小化：子どもが受ける被害を小さくとらえている

20. 最小化：性犯罪をたいしたことがないと考え，被害を訴えるほどのことではないと考えている

21. 逮捕されない＝悪いことをしていないと考えている

22. 否認：相手が性犯罪によって傷つくことを認めていない

23. 最小化：自分の性欲の発散によって，相手が傷つくことを軽く考えている

24. 否認：自分と同じ経験だから，悪いことはしてい

ないという考え

25. 最小化：相手がうける性犯罪のダメージを小さく
考えている

導入

1分

第9回の目的の確認

・悪いことをした時に認める
のが難しい理由を考える
・性犯罪に関連した自分
の考え方のクセを知る

　ファシリテーターから第9回の目的と内容を
簡単に説明する。表紙（120ページ）と構成表
（タイムスケジュール・121ページ）に簡単に目
を通してもらうとよい。

ワーク①

 10分

I. 性犯罪に関連した 考え方のクセ①

1-1 性犯罪に関連し たとらえ方（認知） の歪み①

➡ファシリテーターから 説明する

ワークブック 123,124 ページ

ファシリテーターは，ワークブック123，124 ページを読んで説明する。説明が長くなるため， メンバーに読み上げてもらってもよい。

また，このとらえ方（認知）の歪みは，理解 が難しい面があるため，下記を参考に，こうし た認知が間違っている理由を一つずつ丁寧に説 明する。

①被害者意識：つらい経験をしたのは被害者であって， 加害者ではない。たとえ相手に気に食わないことが あったとしても，それが相手を傷つけていい理由には ならない。自分のしたことを他人の責任にしてはいけ ない。
②共感力不足（人の気持ちがわからない）：怖がってい なかったというのは加害者の考えであって，被害者が そう思っていたかはわからない。
③道徳・ルールの軽視：逮捕されるかどうかの問題では なく，社会のルールを守ることの大切さや行為の善悪 を考えていない。あるいは，悪いとわかっていても意 に介さずに実行している。
④超楽観主義：被害者は加害者に会いたいとは思わな い。加害者の都合のいいように考えるのは間違い。
⑤所有権／支配欲：相手は一人の人間であって加害者の ものではなく，加害者が好きにしてよいものではな い。

例えば，色眼鏡でまわりを見ると，実際の ものとは違う色に見えますよね。同じように， とらえ方（認知）の歪みがあると，実際とは 違うように状況をとらえてしまうことにつな がりやすいということです。

第9回

137

休憩

休憩

休憩に入る直前に，後半が○時○分から始まる，と明確に伝える。

ワーク②

Ⅱ.性犯罪に関連した 考え方のクセ②

1-2 性犯罪に関連し たとらえ方（認知） の歪み② 15分

➡ファシリテーターから 説明する（2分）

ワークブック 125 ページ

➡2つの例について，5 つのとらえ方（認知） の歪みのどれに当ては まるのか，番号に○を つける（3分）

ファシリテーターは，125 ページを読んで説明する。

5種類のとらえ方（認知）の歪みは，性犯罪に関連したものであるが，「自分は悪くない」「ちょっとのことなのに」といった考えは，性犯罪に限らず，日常生活でも出てくる考え方であることを説明する（自分は悪くない＝否認，「ちょっとのことなのに」＝最小化でもある）。

最初に1〜2分時間をとり，メンバーそれぞれで考えてもらう。この時，5つの考え方の歪みがうまくわからなければ，123，124 ページを見返したり，ファシリテーターに質問するように伝える。

補足　とらえ方（認知）の歪みは，難しい内容の
ため，間違えることが多いことをあらかじめ
伝える。共有する際には，ファシリテーター
は「被害者意識だと思う人？（挙手）」といっ
たかたちで進める。積極的なメンバーがいれ
ば，そのとらえ方（認知）の歪みを選んだ理
由を話してもらえるとよい。

【答え】
・商品を壊した：①被害者意識
　物を置いてある場所が悪いから，ぶつかって壊れてし
　まった，と思っている
・子どもとぶつかった：②共感力不足
　子どもにしてみれば痛かった（怖かった）はずなのに，
　それがわかっていない

➡125ページ下の枠に，
日常生活で5種類のと
らえ方（認知）の歪み
に関連していそうな例
を記入し，どのとらえ
方（認知）の歪みに当
てはまるのか右側に○
をつける（5分）

メンバーそれぞれの生活における行動や考え
から，5つのとらえ方（認知）の歪みに関連す
るものを挙げてもらうことで，内容の理解につ
なげる。

補足　①とらえ方（認知）の歪みに直接関連してい
ない内容であっても，ファシリテーターは
「○○という場面で□□のように考えたん
ですね。自分の生活についてきちんと振り
返ることができていますね」などとコメン
トし，直接的にワークとして間違っている
ということは言わない。

②複数のとらえ方（認知）の歪みに該当する
内容がある可能性もある。考えが複数記載
されている場合は，それぞれが5つの歪み
のどれに該当するのかを考える。

➡回答を共有する（5分）

【想定される内容】
場面：夕食の後，見たいテレビがあったので後片付けの当
番をサボった。
考え：「いつもちゃんとやってるし，まぁいっか」

第9回

＝④超楽観主義
「○○さんも嫌そうにしていない」
＝②共感力不足
場面：仕事で失敗して，イライラしていて，仕事とは関係
のない人に怒鳴った。
考え：「こんな時に話しかけてくる方が悪い」
＝①被害者意識　など

タイトルでは「性犯罪に関連した」と表現されているが，こうした考えは，性犯罪に限らず，日常生活でも経験することがあること，相手を傷つける考え方であることを伝える。

「否認や最小化の考え方のクセは，毎日の生活の中で出てくることも多いですが，性犯罪に関連したとらえ方（認知）の歪みも，性犯罪という場面に限らず，毎日の生活の中でみなさんの頭に浮かんできやすい考えのクセでもありますね。この考え方のクセも，相手を傷つけてしまうという点では，このように考えてしまいがちだ，という自分の特徴を知っていることが大切です」

**別紙プリント
「わたしの考え方の
クセ」を使用して
話し合う 18分**

「わたしの考え方のクセ」が，それぞれ①〜⑤のどの内容に該当しているのかをみんなで考える。先程配布した色分けしたプリントの空いているスペースに該当する番号を記入する。

「『私の考え方のクセ』にある考え方は，すべて，この５つの歪みに当てはまります。1番から25番の考えが，それぞれどの歪みに当てはまるのか考えてみましょう。それでは，1番の考えは，どれに当てはまると思いますか？」

チェックリストには，性犯罪者に代表的なとらえ方（認知）の歪みが列挙されている。それぞれの項目は，複数のとらえ方（認知）の歪み（例えば，被害者意識と超楽観主義など）に該当すると解釈できるものもある。どのとらえ方（認知）の歪みが目立つかといった点では，基本的に1つ目の解釈（とらえ方の歪み）を採用してカウントするとよい。2つ以上の解釈が記載されている項目については，そのような解釈も可能という理解をしておく。なお，メンバーからマニュアルの解説以外のとらえ方（認知）の歪みにも該当するという意見が出た際には，「そういう見方もできますね」と発言に対してポジティブに声掛けをする。

補足

①いろいろな考え方があり，答えが一つでないこともある。マニュアルの回答にこだわらず，メンバーの回答や発言を参考にしながら，常識の範囲内で臨機応変に（ファシリテーターも一緒に）回答を探っていくとよい。

②それぞれの考え方のクセが，複数の特徴を持っていることもある。メンバーから，「○○というところから①番」など，とらえ方（認知）の歪みについて説明があれば，他のメンバーとも共有・確認しながら，複数正答としてもよい。

③とらえ方（認知）の歪み①〜⑤にうまく当てはまらないものもあるかもしれないが，正解かどうかよりもどのように考えてその分類だと思ったのかの方が大切であり，例と違う回答や意見が分かれた場合は，「確かにそういう考えもありますね」などとで

きるだけメンバーの意見を肯定する。

④項目 8 と項目 21 は内容が似ているが，項目 8 は「バレなければ大丈夫」という軽い考えである一方，項目 21 は「捕まらなければ大丈夫」と犯罪と関連した思考がエスカレートした内容になっている。"今の自分"のチェック欄で項目 21 にチェックがついている場合は，性犯罪へのリスクの高さを考え，エスコートスタッフと情報を共有しておく。

⑤暴力には，心理的な暴力（威圧的など），言葉の暴力（怒鳴るなど），身体的暴力（殴るなど），対物的な暴力（物を壊すなど），性的な暴力（同意のない性行為）などがあることを追加で説明してもよい。

【答えの例】

1. ④：相手の「いやです／No」を都合よく解釈している（よく考えずに誤解している）

2. ②：少しでも抵抗している相手の気持ちをないがしろにしている／わかっていても無視している

3. ④：性被害によって生じるショックを軽く考え，「すぐに忘れる」という都合のよい解釈をしている

   ③：傷つけられた心と体は，長い間影響を受け続けることを理解していない

4. ③：痴漢のサイトや DVD から，性犯罪を「みんなやってる」と考えており，「やっていいことか，悪いことか」という道徳的判断の問題がある

5. ⑤：自分は相手よりも上の立場で，自分なら相手に何をしても許されるという考え

   ③：自分の行為によって，女性や子どもが傷つくことを考えていない

6. ②：自分が相手を傷つけることを認めず，子どもの気持ちを考えていない

   ④：年齢が幼いので何をされているのか理解していないだろうという安易な考え

7. ①：誘ってきた相手が悪く，自分は誘われた被害者であるという考え

④：自分に都合よく「夜に一人で歩いている＝誘っている」と解釈している

8. ④：バレなければ何もなかったことにできるという安易で都合のよい考え

③：性犯罪も，他の違法行為も，とにかくバレなければよいという犯罪を軽視する道徳的判断の問題

9. ①：露出している＝誘っているということで，むしろ誘った相手が悪いという考え

④：自分に都合よく「さわられてもいいサイン」と解釈している

10. ④：相手が嫌がったり，傷いたりすることをしっかりと考えず，自分に都合よく考えている

11. ④：子どもへの性犯罪を「秘密の遊び」などと軽く考えたり，すぐに忘れると都合よく考えている

②：子どもが傷つく気持ちがわからない

12. ③：犯罪にあたる行為（性犯罪やそれ以外の犯罪）を軽く考えたり，やめようと思えばやめられるから問題ないという楽観的な考え

13. ②：人に親切にする相手の気持ちを誤解している

④：「相手も望んでいる」と都合よく考えている

14. ②：相手にはさまざな気持ち（嫌がる気持ちや恐怖感，不快感など）があることがわからない・理解していない

④：女性みんながアダルトビデオのようなことをしたがっているはずという推測を，過剰に一般化して考えている

15. ①：偶然にさわったのは仕方のないことで，自分は悪くないという考え（むしろ騒がれたことで迷惑を被ったという考え）

16. ⑤：相手を見下し，何をしてもいいという考え

④：自分の行動で，相手が傷つくことはないという都合のよい考え

17. ③：性的なことをしないと発散できない（からしょうがない）という犯罪行為を軽視した考え

④：相手の気持ちを考えずに，性的なことで発散しても仕方がないという安易な考え

18. ①：下着を家の外に干しているのは，盗んでくれ

と言っているようなもので，家の外に下着を
干している人の方が悪いという考え

19. ⑤：子どもなら，大人の命令に従うので好き勝手
にでき，体も小さく力も弱いので，力づくで
従わせることができるという考え

　　②：子どもが傷つく気持ちがわからない

20. ④：被害者は，(性被害は恥ずかしい／大したこと
ではない等の理由で)まわりには話さないだ
ろうし，警察にも被害届を出さないだろうと
いう都合のよい考え

　　③：性犯罪は大したことではないという考え

21. ③：逮捕されなければ，性犯罪を含めて，何をし
てもいいという道徳的判断の問題

22. ②：性犯罪によって相手が恐怖を感じることがわ
からない

　　④：相手が楽しんでいたと都合よく解釈している

23. ⑤：相手は自分が好き勝手できるものだから，相
手がどう思おうと関係ないという考え

　　③：性的な犯罪行為を軽視した考え

24. ①：自分と同じような目に遭っただけで，相手が
傷ついていても仕方がないし，自分は悪くな
い（③道徳ルールの軽視も関与している）

　　⑤：自分も被害を受けたことがあるから，自分も
相手にやっていい権利がある

25. ③：性犯罪も「暴力」のひとつであるという認識
が弱く，規則やルールを軽く考えること

2 わたしの考え方の クセについて考える

12分

➡ ファシリテーターから
説明する（2分）

➡ 以前の考え方①②を
記入する（6分）

➡ 記入した事件時の以前
の気持ちと今の気持ち
を発表してもらう（4分）

ファシリテーターは 126 ページを読んで説明
する。

「わたしの考え方のクセ」に記載した回答を
基に，以前の気持ちから変化した内容を 2 つ記
載してもらう（事件時○で，今は○が無い項
目）。

記入した内容を基に，事件時はどうして○が
ついたのか，事件時の気持ちや考えをふり返っ
て気づいたことを発表してもらう。

「『わたしの考え方のクセ』で，事件時○で
今は○が無い項目は，考え方が変化したとい
うことです。書き方の例の枠内にある内容を
参考にして，以前の考え方や，考え方が変化
した理由を記入してみましょう」

ファシリテーターは 127 ページを読んで説明
する。この時，「わたしの考え方のクセ」も併
せて見ながら，説明する。

（ワークブック 126 ページ）

**3 性犯罪に関連した
とらえ方（認知）
の歪みと否認と最
小化** 10分

➡ファシリテーターから
説明する

（ワークブック 127 ページ）

「先ほど，みなさんで，プリントの考え方
を性犯罪に関連した5種類のとらえ方（認知）
の歪みのどれに当てはまるのかを考えてもら
いました。プリントでも，否認と最小化の色
分けをしてありますが，例えば，『肌を見せ
るような服を着ているのは，さわられてもい
いサインだ』という考えは『肌を出している
女性が誘っているからさわってしまった。女
性が悪くて，自分は悪くない』という考えと
つながるかもしれません。この『自分は悪く
ない』という考えは『否認』の考え方のクセ
ですね。また，『黙って抵抗しないなら，何
をしてもよい』という考えは，『抵抗しない
から，好き勝手にしてもいい。相手も気にし
ないだろう』という考えにつながるかもしれ
ません。この『相手も気にしない』という考
えは『最小化』の考え方のクセですね」

145

まとめ

10分

❀セッションのまとめ

4分

➡第9回のポイントを
押さえる

ワークブック128ページ

ワークブック128ページのまとめを読み上げ
る。ファシリテーターとサブファシリテーター
が自分の言葉に変えて説明する方が理解しやす
い。

補足 必要に応じて，該当するワークブックの
ページを見直してもよい。

ホームワーク⑨ **5分**

➡今までに否認や最小化
をしたことを思い出し
て，今ならどうするか
を考える

ワークブック129ページ

自分がこれまでに否認や最小化をしたことが
あると自覚し，今ならどうするか（やったこと
を素直に認めるためにどうするか）を考えて書
く。

補足 ①「否認や最小化をしたことがない」または
「思い浮かばない」というメンバーがいれ
ば，小さい頃にいたずらをして黙っていた
ことがなかったかなど，具体例を用いて内
省を促す。

②プリントでわかった自分の考え方のクセを
見ながら考えるとよいと伝える。

次回の予定
（プログラム実施日時）
の確認 **1分**

次回のプログラム実施日時を伝え，メンバー
が理解していることを確認する。この際，下記
のようにいくつかの大切なルールについては注
意喚起を行うとよい。

16 ページ下方の吹き出し内を参照

わたしの考え方のクセ

　下に書かれている文章は，性犯罪と関連した考え方のクセです。

　①64ページに書いた，事件の時のことを思い浮かべてください。
その時の自分の考えに近いものがあれば，○をつけてみましょう。

　②これまでに考えたことがあるもの，今もそう考えているものにも，
○をつけてみましょう。

		考え方のクセ	①事件の時		②今の自分	
最小化	1	相手が「いやだ」と言っていても，本当に嫌がっているわけではない				
否認	2	強く抵抗しなかったということは，無理やり性行為をしたのではないということだ（同意しているということ）				
最小化	3	襲われた時はショックでも，後になれば大したことないだろうし，きっとそのうち忘れるだろう				
最小化	4	痴漢のネットサイトやDVDがあるのは，きっとみんなも痴漢を楽しんでいるからだ（"犯罪"なんて，大げさだ）				
最小化	5	ストレス発散のためなら女性や子どもに何をしてもいい				
否認	6	子どもは，優しくさえしてあげれば怖くないだろうし，何をされているかわからないから傷つくこともない				
否認	7	夜，独りで歩いている女性は，襲われても仕方がないし，むしろ，こちらを誘っているということだ				
否認	8	証拠がなければ，バレないだろうし，バレなければ，やっていないのと同じことだ				
否認	9	女性が肌を出した服を着たり，短いスカートをはくのは，見られたり，さわられてもいいサインで，こちらを誘っているということだ				
最小化	10	セックスを仕事にしている人もいるくらいだから，性行為は犯罪ではないし，どんな女性も実際にはそれほど傷ついていない				
最小化	11	子どもは，"秘密の遊び"を楽しんでいただろうし，すぐに忘れるだろうから，問題ない				

148

		考え方のクセ	①事件の時	②今の自分
最小化	12	自分の性格や性的な好みは変えられないけれど，違法な行為（性犯罪を含む）でも，やめようと思えばいつでもやめられるから大丈夫だ		
否認	13	女性が自分に親切にするのは，性的な関係になりたいという下心があるからだ		
否認	14	女性も本当は，アダルトビデオやアダルトサイト（インターネット）のようなことをしたがっているはず		
否認	15	満員電車なんだから，偶然，さわってしまうのは仕方がない（疑われたり騒がれたりするのは迷惑だ）		
最小化	16	自分なら，相手に何をしても構わないし，相手も自分には逆らえないだろう		
最小化	17	一度，性欲が高まったら，性的なことで発散しないとおさえられないのは当然だ		
否認	18	下着を家の外に干しているのだから，盗まれても仕方がない（盗んだ人は悪くない）		
最小化	19	子どもは脅せば黙っているし，まだ体も小さいから何をしても抵抗しないはずだ		
最小化	20	被害者は，被害にあったことをきっとまわりには話さないだろう		
否認	21	警察に逮捕されなければ何をしてもいい		
否認	22	相手は怖がっていなかったし，むしろ相手も楽しんでいたと思う		
最小化	23	自分の性欲が発散できれば，多少相手が傷ついても構わない		
否認	24	自分も子どもの時に同じような目に遭ったから，同じことをしても構わない（許される）		
最小化	25	怒鳴ったり，暴力をふるったりしていないし，自分よりもっとひどいことをやっている人もいるんだから大したことない		

第9回

第**10**回

行動の ABC

目的

- ・行動が起こる仕組みを理解する
- ・性犯罪に関連した行動の仕組みを考える

内容

❶第9回の振り返り：性犯罪に関連した考え方のクセ，性犯罪に関連した自分の考え方のクセ
❷行動の起こる仕組み：ABC モデル
❸行動の結果を変える

準備するもの

・なし

振り返り

10分

1週間の振り返り

➡前回のセッションから
の1週間にあった出来事
をメンバー一人ひとり
が発表する

➡最初に1～2分程度
どんなことを話すか
考える時間を作る

➡ウォーミングアップな
ので，ごく簡単に一人
当たり1～2分程度で
発表する

> 「それでは，前回も説明しましたように，
> この1週間にどんなことがあったか聞かせて
> ください」

　例として，ファシリテーターが最初に発表す
る。ファシリテーターは，毎回，メンバーの発
表を聞きながら，各メンバーの行動傾向や変化
などを把握していく。

補足

①順番は希望者からでもよいが，全員が話せ
るように，順に当てる形式でもよい。

②すぐに発表できる人から発表してもらい，
その間に，他の人にも考えてもらう。

③どのように話したらよいか戸惑っているメ
ンバーには，ワークブック5ページを参考
にできることを伝える。

④誰からも手が挙がらなかった場合には，
ファシリテーターがサブファシリテーター
を指名して，見本を見せる。

⑤考えてこなかったなど，発表できないメン
バーがいても，ホームワークではないため
強制はしない（但し，3回以上連続でまっ
たく考えてこなかった場合には，セッショ
ン終了後，モチベーションを高める働きか
けを行う）。

⑥プライベートなことを話してしまう人に
は，サブファシリテーターが適宜声掛けを
する。

復習

12分

第 9 回の振り返り
➡ワークブック 9 ページ
　のルールを確認する
➡前回学んだ内容につい
　ては，補足に記載され
　ているページについ
　て，ファシリテーター
　が読み上げながら確認
　する
※適宜，必要なところで
　「ホームワークの確認」
　をしても構いません

　前回のワークブックを見直しながら復習する。ファシリテーターが説明をすることが中心になるが，まとめのページは，メンバーが文章を読み上げるなど，相互のやり取りをしながら進める。（19 ページの注を参照）

補足 「わたしの考え方のクセ」118，119 ページ
「ホームワークの確認」122 ページ
「性犯罪に関連した考え方の歪み①」123，124 ページ
「性犯罪に関連したとらえ方（認知）の歪みと否認と最小化」127 ページ
「第 9 回のまとめ」128 ページ
の内容は必ず復習する。

ホームワークの確認

12分

ホームワークの確認
➡ホームワーク⑨の内容
　を発表し，共有する

　メンバーが自分の行動について話した際，否認や最小化ではない内容であっても，過去の行動を振り返れたことを評価する。

　「その時，どのように考えたか」などを質問して掘り下げることで，性犯罪に限らなくとも，否認や最小化といった考えの偏りを持っているかがわかる可能性もある。

【想定される内容】
・自分がしたこと：母が大切にしていた花瓶を割ってし

第
10
回

まった
- 否認・最小化の内容：黙っていれば自分がやったことがバレないと思って黙っていた
- 今なら：正直にあやまる
- 自分がしたこと：小学校の時，友達の消しゴムを黙って持って帰った
- 否認・最小化の内容：次の日，友達が何も言わなかったから，一つくらいなくなっても気にしないんだと思った
- 今なら：ちょっとくらい，と軽く考えて行動しないようにする　など

【問答例】Ⓕはファシリテーター，Ⓜはメンバーの発言
Ⓜ「お母さんの花瓶を割ってしまいました」
Ⓕ「その時どう思いましたか？」
Ⓜ「バレないと思って黙っていました」
Ⓕ「黙っていればバレないと思ったんですね。つまり，前回勉強した『否認』ですよね。実際，どうでしたか？」
Ⓜ「バレて怒られました」
Ⓕ「そうだったんですね。黙っている間，どうでしたか？バレないかドキドキしませんでしたか？」
Ⓜ「しました」
Ⓕ「そうですよね。結局お母さんにも怒られてしまって，きっとお母さんもいやな思いをしたんだと思います。黙っていると，結局二人ともいやな思いをすることになってしまいましたね」
Ⓕ「今ならどうしますか？」
Ⓜ「あやまるかもしれません」
Ⓕ「そうですね。その方が二人とも良い気持ちになったかもしれませんね」

「否認や最小化といった考え方のクセは，普段の生活の中でもよく出てきます。普段から，『バレなければいい』『ちょっとくらい平気』と自分の行動を軽く考えていると，性犯罪や，性犯罪以外の犯罪に対しても，同じように考えてしまうきっかけになるかもしれま

せん。自分の考え方のクセに，普段から目を
向けるようにしましょう」

導入

第10回の目的の確認

・行動が起こる仕組みを理解する
・性犯罪に関連した行動の仕組みを考える

ファシリテーターから第10回の目的と内容を簡単に説明する。表紙（130ページ）と構成表（タイムスケジュール・131ページ）に簡単に目を通してもらうとよい。

ワーク①

15分

I. 行動の起こる仕組み

1-1 毎日の行動って，どういう仕組み？① 10分

➡説明し，各メンバーが記入する（6分）

ワークブック 132ページ

ファシリテーターがワークブック132ページを読んで説明し，ABCモデルへの導入として「お昼ご飯を食べた」際のきっかけと行動の結果について，各メンバーが記入する。

初めに上の枠の「理由」について記入してもらい，次に中央の枠「行動」をファシリテーターが説明し，下の枠「結果」を記入してもらう。

補足　なかなか記入できないメンバーには，ファシリテーターは適宜声を掛ける。
「食事をする前は，○○さんはどのように感じていますか？」
「お昼ご飯は誰かと一緒に食べますか？」

「お昼ご飯を食べ終わった後，どう感じます
か？」

→意見を共有する（4分）

記入した内容について，挙手制で回答を共有
する。他のメンバーの発表を聞いて，自分が書
いていない回答があれば，メモするように説明
しておく。

【答えの例】
22ページの※1 「間違いを指摘しない」を確認して
下さい
■理由
・お腹が空いたから
・お昼の時間だったから
・作業所の人がお昼にしましょうと言ったから
■食べた結果
・お腹がいっぱいになった
・眠くなった
・満足した

1-2 毎日の行動って，
どういう仕組み？
② **5分**

→ファシリテーターから
説明する

ワークブック133ページ

ファシリテーターがワークブック133ページ
を読んで説明する。その際，必ず「1番目に
きっかけがあり，2番目に行動，3番目に行動
の結果，という順番であり，この順番がずれた
り，きっかけがないのにいきなり行動が生じる
ことはない」ということを説明する。

また，人によって行動のきっかけや結果は異
なることも説明する。

どんな小さな行動にも必ず結果がありま
す。その結果は良いことの場合もあれば悪い
こともあります。

Ⅱ. ABCモデルを使って自分の行動を仕組みを考える

2-1 2-2 の日常生活編は ABC モデルを理解しやすくするための導入として扱うが，メイントピックはその後に扱う犯罪行動編や結果を変える方法であるため，日常生活編にあまり時間をかけすぎないよう注意する。

2-1 ABCモデルの例 ―― 日常生活編

① 8分

➡日常生活での行動をABCモデルに当てはめる（3分）

ワークブック134ページ

ファシリテーターがワークブック 134 ページの例①を読んで説明する。

例②では，ファシリテーターが上段（汗をかいた→お風呂に入る→さっぱりする）を説明した後で，行動と結果についてメンバーに下線部を記入してもらう。

補足 ①普段，お風呂に入る時のことを思い出して記入するよう促す。

②うまく記入できないメンバーには，サブファシリテーターが「お風呂に入るのが面倒だと感じることがあるかもしれませんね」「でも，汗をかいたままお風呂に入らずにいると，どんな気持ちになりますか」などと適宜声掛けをする。

【想定される内容】
・汗をかいた→（面倒なので）お風呂に入らない→からだがベトベトして，気持ち悪い　など

➡回答を共有する（5分）

例②の下線部に記入した内容を挙手で発表してもらう。サブファシリテーターはメンバーの回答をホワイトボードに書き写す。

ある程度回答が出たら上段の結果と比較し，きっかけは同じでも，行動のとり方の違いで結果が変わってくることを伝える。

「同じきっかけでも，違う行動をとると違う結果になることがわかりますね」

2-2 ABCモデルの例 ── 日常生活編 ② 7分

➡通院する，通院しないという行動をABCモデルに当てはめる(3分)

（ワークブック135ページ）

➡4つ目の例は個々のメンバーが自由に考えて記入する（2分）

同様に135ページも記入する。ファシリテーターは巡回し，記入しづらそうなメンバーがいたら，上段の結果の記入については「病院を予約して受診したらどうなりますか？」など適宜声掛けをする。また，下段の行動や結果については「後ろ向き（良くない）行動」をとった時について想像して記入してみましょうと声掛けをする。

【想定される内容】
（上段）病院を予約して受診する
　　　　→薬をもらい回復する
（下段）（面倒なので）病院へ行かなかった
　　　　→体調の心配が続いている　など

それでは，次は日常生活でみなさんが経験したことのある，または経験しそうな出来事について，きっかけ，行動，結果を想像して記入してみましょう。行動については，上段に前向きな行動，下段には後ろ向き（良くない）行動を記入し，結果の変化について考えてみましょう。

ファシリテーターは巡回し，記入しづらそうなメンバーがいたら，「日常生活で，あの時違

158

う行動をとっていたら結果も違っていたかなと思う出来事はありますか」「日常生活や予定を思い出して記入してみてください」など適宜声掛けをする。なお，時間が足りない場合は説明のみで終了してもよい

【想定される内容】
友達と映画を見る約束をした
→（上段）映画を見た
→友達と楽しい時間を過ごせた
→（下段）（面倒なので）ドタキャンした
→友達が怒ってしまった　など

➡回答を共有する（2分）

　記入した内容を発表してもらう。例④については場面を限定していないので，きっかけから結果までの一連の流れを発表してもらう。きっかけ，行動，結果として少しずれた内容を発表している場合は，他のメンバーに「○○という場面で，他の○○（きっかけ／行動／結果）は思いつきますか？」など意見を求めたり，ファシリテーターが補ってもよい。ただし発表者を否定するような話し方にならないように注意する。

　「このように，みなさんが普段している日常の行動も，きっかけ，行動，結果というABCモデルに当てはめることができます。また，同じきっかけでも前向きな行動をとると良い結果につながりやすく，後ろ向きな行動をとると悪い結果につながりやすくなることがわかります」

ファシリテーターが 136 ページを読み，窃盗と性犯罪の例を用いて，犯罪行動も ABC モデルに当てはめられるということを説明する。

休憩

10分 🕐

休憩

休憩に入る直前に，後半が○時○分から始まる，と明確に伝える。

補足 進行によっては，この休憩を**5**「ABC モデルを使って自分の事件を整理する」の前に持っていってもよい（ストレスフルな内容であり，事前にリラックスしておくため）。

ワーク③

30分

Ⅲ. 行動の結果を変える

4-1 ABCモデルの例――結果を変える① **7分**

➡ファシリテーターから説明する

（ワークブック 137 ページ）

※ここまでの内容でわからないところがないか確認してから **4-1** の内容に入る。

ファシリテーターがワークブック 137 ページを読んで説明する。

「133 ページの例のように，お昼ご飯を食べれば，お腹がいっぱいになって満足するので，これは良い結果ですよね。でも，もし時間がなくてお昼ごはんを抜いてしまったら，お腹が空いたり，体調が悪くなってしまうかもしれません。これは，良い結果とはいえませんよね。こうした良くない結果にならないようにするために，今度は行動を変えることについて考えてみましょう」

補足

①もしその他に思いつく別の行動や別の結果があれば，メンバーに発表してもらってもよい。

②目標があると，人の行動は続きやすいということを説明してもよい。

③「我慢して持っているお金で〜」の例は，**短期的な**報酬のための行動（目の前にあるマンガ本をどうしても手に入れたいという欲求を満たすため），「お金を貯める」の例は，**長期的な**報酬のための行動（希望のマンガ本を手に入れるために，一時的に（その場は）我慢する）をそれぞれ説明している。

「ここに 100 円があるとしたら，みなさんはどのように使いますか？ 100 円で今すぐコンビニでチョコを買うか，ちょっと我慢し

て，お金が 300 円貯まってからケーキを買う
か，どちらのタイプでしょうか？　どちらも
悪いことではありませんが，ケーキを買うな
ど，はっきりした目標があると，そのための
行動を続けやすくなります」

4-2 ABC モデルの
例 ── 結果を変え
る② **10分**

➡性犯罪の例を用いて逮
捕されないためには行
動をどのように変えれ
ば良かったのかを記入
する（4分）

ワークブック 138 ページ

➡回答を共有する（6分）

ファシリテーターが 138 ページを読んで説明
し，各自記入する。

「後をつけない」「チラ見でやめる」などの
「○○しない」といった回答はありがちだが，
なるべく具体的で積極的な「○○する」といっ
た別行動を考えてほしいと説明する。イメージ
が湧かないようであれば，【想定される内容】
の例を一つ挙げて説明してもよい。

補足　記入が難しいメンバーがいれば，ファシリ
テーターが適宜声掛けを行う。

積極的に発表してくれるメンバーが誰もいな
ければ，ファシリテーターがサブファシリテー
ターに問いかけるかたちで例を説明する。

「後をつけない」といった回答があれば，「○
○しない」といった消極的な意見ではなく，例
を参考に，（後をつけない代わりに）何かをす
る，という回答になるようサポートする。

メンバーから「通り過ぎるまでこっそり見つ
める」などの線引きが難しい回答があれば，み
んなでどの程度ならよいのかについて話し合う。

どこまでならよいのか，という線引きについて，ファシリテーターは，基準をどこに置くのか，サブファシリテーターや他のスタッフと相談しておくことが望ましい。

【想定される内容】
■B：別の行動
・家に帰る
・友達や支援者の人に電話する，会いに行く
・好きな音楽を聴いて気分を変える
・大きく深呼吸を10回する
・綺麗ですねと声を掛ける→良くない例
■C：別の結果
・気分が落ち着く
・気が紛れる
・冷静に考えることができる

（必要に応じてここに休憩を持ってくる）

5 ABCモデルで自分の事件を整理する 13分

➡自分が過去に起こした事件について，きっかけと行動，その結果（逮捕以外）を記入する（4分）

ワークブック139ページ

139ページに沿って進める。

　負担が大きな内容になるため，個々の事件については共有しない。

　記入の前に，実際の事件の内容については発表する必要がないため，安心して書いていいことを伝えておくが，行動の結果については，性犯罪の結果としてのいやなことが出てくるほど，再発予防（こんないやな状況がたくさんある）につながるため，共有してもよい。

<table>
<tr><td>

➡「別の行動」と「別の結果」を記入してみる（3分）

</td><td>

　ファシリテーターが巡回して回答をチェックし，そのまま発表すると事件の詳細が伝わってしまう内容であれば，差し支えない程度の内容に一緒に置き換えるなど，メンバー自身や他のメンバーに負担が大きくならないよう配慮する。

</td></tr>
<tr><td>

➡「別の行動」と「別の結果」についてグループで意見を共有する（6分）

</td><td>

　メンバーの行動パターンを増やすことにつながる可能性があるため，別の行動・別の結果については共有する。
　メンバーの発表内容が良い結果をもたらすとはいえない行動であった場合，発表者を否定するような話し方にならないように注意しながら，他のメンバーに「○○さんが考えてくれた行動をとると，他にも違う結果になると思う人はいますか？」など意見を求めたり，ファシリテーターが補うなどして，誤った認識のままで終わらないようにする。

</td></tr>
</table>

【想定される内容】
■別の行動
・家に帰る
・支援者の人や友達に会いに行く，電話する
■別の結果
・気が紛れる
・気持ちが落ち着く

【問答例】Ⓕはファシリテーター，Ⓜはメンバーの発言
Ⓜ「きれいですねと声を掛けたら，相手は喜んで仲良くなれると思います」
Ⓕ「相手を褒めているので，もしかすると相手の人は嬉

しいかもしれませんね。ですが，いきなり知らない人に話しかけられたら（○○さんだったら）どうですか？」

Ⓜ「びっくりします」

Ⓕ「そうですね。たとえ自分を褒める内容だとしても，相手はびっくりするかもしれません。中には嫌がったり，怖がって警察を呼ぼうとする人がいるかもしれません」

Ⓕ「○○さんの考えてくれた行動は，○○さんの言う通りいい結果になるかもしれませんが，もしかすると悪い結果になってしまうかもしれません。行動を変える時は，悪い結果にならないような行動を考えることが大切ですね」

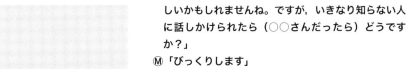

まとめ　10分

❀セッションのまとめ
4分
➡第10回のポイントを押さえる

ワークブック 140 ページ

140ページのまとめを読み上げる。ファシリテーターとサブファシリテーターが自分の言葉に変えて説明する方が理解しやすい。

補足　必要に応じて，該当するワークブックのページを見直してもよい。

ホームワーク⑩　5分
➡「1週間の出来事」の説明

次のセッションまでの間に起こった出来事「良かったこと，嬉しかったこと」と「ああしていればと思ったこと，イラッとしたこと」についてABCモデルを使って整理するよう説明する。

ワークブック 141 ページ

**次回の予定
（プログラム実施日時）
の確認**

「ああしていればと思ったこと，イラッとしたこと」については，自分の行動をどのように変えれば良かったのかも考える。

うまく整理できなくても，メンバーがどのような行動をしたのか，その時の場面などが書かれていればよいと伝えておく。

次回のプログラム実施日時を伝え，メンバーが理解していることを確認する。この際，下記のようにいくつかの大切なルールについては注意喚起を行うとよい。

16 ページ下方の吹き出し内を参照

第**11**回

思考・感情・行動モデル
①

目的

- ・行動に関連する気持ちや考えについて知る
- ・きっかけから行動の結果までの流れを整理する

内容

- ❶第 10 回の振り返り：行動の起こる仕組み：ABC モデル，行動の結果を変える
- ❷ ABC モデルと思考・感情・行動モデル
- ❸思考・感情・行動モデルの理解

準備するもの

- ・なし

振り返り

10分

1週間の振り返り

➡前回のセッションからの1週間にあった出来事をメンバー一人ひとりが発表する

➡最初に1～2分程度どんなことを話すか考える時間を作る

➡ウォーミングアップなので，ごく簡単に一人当たり1～2分程度で発表する

「それでは，前回も説明しましたように，この1週間にどんなことがあったか聞かせてください」

　例として，ファシリテーターが最初に発表する。ファシリテーターは，毎回，メンバーの発表を聞きながら，各メンバーの行動傾向や変化などを把握していく。

補足

①順番は希望者からでもよいが，全員が話せるように，順に当てる形式でもよい。

②すぐに発表できる人から発表してもらい，その間に，他の人にも考えてもらう。

③どのように話したらよいか戸惑っているメンバーには，ワークブック5ページを参考にできることを伝える。

④誰からも手が挙がらなかった場合には，ファシリテーターがサブファシリテーターを指名して，見本を見せる。

⑤考えてこなかったなど，発表できないメンバーがいても，ホームワークではないため強制はしない（但し，3回以上連続でまったく考えてこなかった場合には，セッション終了後，モチベーションを高める働きかけを行う）。

⑥プライベートなことを話してしまう人には，サブファシリテーターが適宜声掛けをする。

復習

12分

第10回の振り返り
➡ ワークブック9ページ
のルールを確認する
➡ 前回学んだ内容につい
ては，補足に記載され
ているページについ
て，ファシリテーター
が読み上げながら確認
する
※ 適宜，必要なところで
「ホームワークの確認」
をしても構いません

　前回のワークを見直しながら復習する。ファシリテーターが説明をすることが中心になるが，まとめのページは，メンバーが文章を読み上げるなど，相互のやり取りをしながら進める。（19ページの注を参照）

補足　「毎日の行動って，どういう仕組み？②」
133ページ
「ABCモデルの例ー結果を変える①」137
ページ
「ABCモデルを使って自分の事件を整理する」139ページ
「第10回のまとめ」140ページ
の内容は必ず復習する。
必要に応じてその他のABCモデルの例も見ながら復習する。

ホームワークの確認

12分

ホームワークの確認
➡ ホームワーク⑩の内容
を発表し，共有する

　一人一つずつ発表し，サブファシリテーターはホワイトボードなどにメンバーの発表を書き出していく。

補足　①話しにくそうなメンバーには，メンバー自身の行動について質問し，その後，きっかけや結果について尋ねる。

②うまく整理できていなかった場合は，第10回の復習を兼ねて，きっかけ（出来事）を発表してもらい，ホワイトボードを利用して一緒に整理する。

【想定される内容】

■嬉しかったこと

・職場の仲間（寮のスタッフ）がたくさん荷物を持って
　いた→重い荷物を代わりに持った→ありがとうと言わ
　れた，嬉しかった

■イラッとしたこと

・知らない人が道をふさいでいた→邪魔だと言った→喧
　嘩になった

　→通りたいので道を開けてほしいと頼んだ→喧嘩にな
　らずに道を通ることができた　など

導入

1分

第11回の目的の確認

・行動に関連する気持ちや考えについて知る

・きっかけから行動の結果までの流れを整理する

ファシリテーターから第11回の目的と内容を簡単に説明する。表紙（142ページ）と構成表（タイムスケジュール・143ページ）に簡単に目を通してもらうとよい。

ワーク①

25分

I. ABCモデルと思考・感情・行動モデル

1 ABCモデルの復習

2 ABCモデルと考え・気持ち

10分

※メンバーによって理解度が異なると思われるため，一人でワークを記入するのが難しそうなメンバーがいれば，エスコートスタッフにサポートを求める。セッション開始前に打ち合わせができるとよい。

　ファシリテーターは，144，145ページを読んで説明する。

　1「ABCモデルの復習」（144ページ）では，特に「結果を変えるために，行動を変えること

が重要」という点を強調して伝える。

2「ABC モデルと考え・気持ち」（145 ページ）では，きっかけから行動を始めるまでの間には，さまざまな考えや気持ちが生じており，こうした考えや気持ちが行動に影響することを強調する。

> 「ABC モデルでは，きっかけ（行動を始める理由）があり，実際に行動をして，その結果どうなるか，という整理をしていました。このきっかけや，きっかけと行動との間には，その時に考えていることや，感じていることが影響しています。」
>
> 「例えば，ごはんを食べた，というきっかけがあっても『歯磨きしなくても困らない』と考えたり，歯磨きを『面倒くさいなぁ』と感じていると，『歯磨きをしない』『ゴロゴロする』といった行動をして，口臭が気になる，虫歯になるといった結果につながります」
>
> 「でも，ご飯を食べた後，『歯磨きしないと怒られる』などと考えると，嫌々かもしれませんが，歯磨きをするという行動につながり，口の中がさっぱりする，虫歯にならずに済む，という結果になります」

➡ABC モデルと思考・感情とのつながりについて説明する

ワークブック 144,145 ページ

3 行動の背景にある考えと気持ち 10分

➡出来事（きっかけ）と行動の間にある考えや気持ちについて考える

ファシリテーターは，146 ページを読んで説明する。

ファシリテーターは，財布の例を使って，どんな考えや気持ちが生じて，行動につながるのかを説明する。サブファシリテーターは，ファシリテーターの説明をホワイトボードに書いて図示していく（財布を落とした→どこに落としたのか→焦る→探しに行く，など，矢印で示す

（ワークブック 146 ページ）

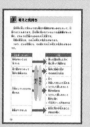

とよい）。

「例えば，お財布がないことに気づいた時，私だったら，とても『慌てて焦った気持ち』になります。その時は，『どうしよう，なくなったら困る』『途中で落としたのか，家に忘れたのか』と考えながら，『探しに行く』という行動をすると思います」

　他の3つのきっかけと行動については，フリーディスカッションとしてメンバーで考えや気持ちを発表してもらう。この時，ファシリテーターは，きっかけや行動のイメージや流れが掴みやすいように「道で肩がぶつかって相手に怒鳴られたとしたら，どう思いますか？」「その時の気持ちは？」など，対話形式で進めてもよい。

4 思考・感情・行動モデルとは　5分
➡ 思考・感情・行動モデルについて説明する

（ワークブック 147 ページ）

　ファシリテーターがワークブック147ページを読んで説明する。例の部分はメンバーに読んでもらってもよい。
　例のような状況でどんな考えや気持ちになるか，「他にどんな考えがあると思いますか？」「みなさんならどんな気持ちになりますか？」など，メンバーに聞いてみてもよい。
　「いろいろな表情」（ワークブック88ページ）のイラストも参考にするように促す。

「ある出来事やきっかけについて，どのように考えたり感じたりするかが，その後の行

動に影響するということを，もう少し詳しく見ていきましょう」

休憩

10分

休憩

休憩に入る直前に，後半が○時○分から始まる，と明確に伝える。

ワーク②

40分

Ⅱ. 思考・感情・行動モデル

5-1 思考・感情・行動モデル
——思ったこと，感じたことを言葉にする **10分**

➡きっかけと思ったこと・感じたことの対応を説明する（5分）

〔ワークブック148ページ〕

ファシリテーターはワークブック148ページの説明を読み，「<u>考えはその時頭に浮かぶこと（文章になる）で，気持ちはその時の感情を表したもの（形容詞一語で表せる）</u>」ということを，例を用いながら説明する。この時点では気持ちと考えの区別がついていなくても構わない。

思ったこと，感じたことについては，「他にどんな考えがあると思いますか？」「みなさんならどんな気持ちになりますか？」など他の考えや気持ちをメンバーに質問してもよい。

➡最近の出来事を１つ記入し，その時，どんなことを思ったり，感じたりしたのかを記入し，共有する（5分）

5-2 思考・感情・行動モデル
――考えと気持ちを区別する **15分**

➡各メンバーで記入する（8分）

ワークブック 149 ページ

サブファシリテーターは巡回しながら，記入が難しそうなメンバーがいれば適宜声掛けをする。

ファシリテーターは，メンバーの発表内容を聞き，考えについては「○○と思ったのですね」，気持ちについては「○○と感じたのですね」などとコメントができるとよい。こうした応答をすることで，考え（思ったこと）と気持ち（感じたこと）の区別を促す。

【想定される内容】
・殺人のニュースを見た→悲しくなった。ひどいことをする人がいるなと思った
・風邪をひいた→つらかった。早く治ればいいのにと思った
・作業所の仲間がコーヒーを淹れてくれた→嬉しかった。次は自分が淹れてあげようと思った　など

ファシリテーターがワークブック 149 ページを読んで説明する。

5-1 「思考・感情・行動モデル――思ったこと，感じたことを言葉にする」（148 ページ）に記載されている内容を考えと気持ちに分けて記載することで，考えと気持ちを区別する練習をする。

気持ちと考えの区別が難しいようであれば，まずはどんな気持ちになるかを考え，どうしてそのように思ったのか（＝考え）という順番で考えるとわかりやすい。

「この例で見てみると，『今日の晩ごはんがカレー』という出来事について，『大好きな

カレーが食べられる！』という考えが浮かび，『嬉しい』という気持ちが出てきました。ですが，考えと気持ちでは，気持ちの方がわかりやすいことが多いので，その時にどんな気持ちだったのかを思い出す方がわかりやすいかもしれません。まずその時の『嬉しい』という気持ちを思い出し，次に，どうして嬉しいと感じたのか，その理由を考えると，大好きなカレーが食べられるから，という考えが出てきやすいですね」

補足
①ファシリテーターは巡回しながら，記入が難しそうなメンバーがいれば適宜声掛けをする。

②「思考・感情・行動モデル──思ったこと，感じたことを言葉にする」（148ページ）に書かれていない考えや気持ちについても，思いついたものがあれば自由に書いてよいことも伝える。

➡共有する（7分）

　一つずつ順番に確認する。サブファシリテーターはホワイトボードに内容を書き出す。

　ワークに空欄がある場合は，他の人の発表を聞いてメモしておくよう伝える。

補足
①積極的に発表してもよいというメンバーがいれば，発表してもらってもよい。

②**5-1**「思考・感情・行動モデル──思ったこと，感じたことを言葉にする」（148ページ）に書かれていない内容でも，思いついた考えや気持ちがあれば，積極的に発表してほしいと伝えるが，考えと気持ちを切り分けることは難しいため，間違えることはよくあることだとも伝えておく。

【答えの例】

22 ページの※1 「間違いを指摘しない」を確認して下さい

■財布がないことに気づいた
考え：どこで落としたんだ
気持ち：困った。あせり，不安

■道で肩がぶつかって相手に怒鳴られた
考え：何で怒鳴られるんだ
気持ち：イライラする，怖い

■大切にしていたものを壊された
考え：弁償してくれないかな
気持ち：悲しい，ショック

■家族がケガをした
考え：大丈夫かな，何か手伝えることあるかなぁ
気持ち：心配　など

5-3 思考・感情・行動モデル ──まとめ① 5分

ワークブック 150 ページ

ファシリテーターがワークブック 150 ページを読んで説明する。ABC モデルと思考・感情・行動モデルで勉強した一連の流れをまとめた図になっており，ここで出来事（きっかけ）から結果までの流れが理解できるようになるとよい。

5-4 思考・感情・行動モデル ──まとめ② 10分

➡各メンバーで記入する（7分）

メンバーはワークブック150ページを参考に，メンバー自身で出来事（きっかけ）から行動の結果までの流れを考えて151ページに記入する。

記入が難しそうなメンバーがいれば，ファシリテーターとサブファシリテーターは「どんなことを考えるでしょうか？」「どんな気持ちに

ワークブック 151 ページ

➡共有する（3分）

なりますか？」など，適宜質問をしながら，メンバーの取り組みを補助する。

【答えの例】
■大切なものを壊された
考え：どうしてこんなことしたんだ‼
気持ち：悲しい，ショック，怒り
行動：どうして壊れたのか相手に尋ねる
結果：わざとではないと知り，許す気持ちになる

積極的に発表してくれるメンバーがいれば，そのメンバーに発表してもらう。最後に，ファシリテーターは下記のように伝える。

「出来事やきっかけに対してどんなことを考えて，どんな気持ちになるのかは人それぞれ違うものです。誰かを傷つけるような悪い行動につながる考えや気持ちはダメですが，いろいろな考えや気持ちがあるということも覚えておいてください」

まとめ 10分

❀セッションのまとめ
4分
➡第11回のポイントを押さえる

ワークブック 152 ページのまとめを読み上げる。ファシリテーターとサブファシリテーターが自分の言葉に変えて説明する方が理解しやすい。

補足 必要に応じて，該当するワークブックのページを見直してもよい。

ワークブック 152 ページ

ホームワーク⑪ 5分
➡「思考・感情・行動
　モデル」の説明
➡ファシリテーターから
　説明する

ワークブック 153 ページ

次回の予定
（プログラム実施日時）
の確認 1分

普段の出来事を思考・感情・行動モデルに当てはめる練習をする。

悪い行動をとったことを責めるのが目的ではなく，自分のとった行動が良い行動だったか悪い行動だったかを客観的に考え，認められるようにすることが目的のため，正直に書いてほしいと説明する。

「悪い行動をとってしまったとしても，それを責めるために今回のホームワークがあるわけではありません。それが悪いことだとわかっていれば，良い行動に変えることができるので，正直に書いてみてください」

次回のプログラム実施日時を伝え，メンバーが理解していることを確認する。この際，下記のようにいくつかの大切なルールについては注意喚起を行うとよい。

16 ページ下方の吹き出し内を参照

第**12**回

思考・感情・行動モデル
②

目的

- 行動に関連する気持ちや考えを意識する
- 気持ちや考えを変えて行動を変える方法を学ぶ

内容

❶第 11 回の振り返り：ABC モデルと思考・感情・行動モデル，思考・感情・行動モデルの理解
❷思考・感情・行動モデルを使って行動を変える
❸思考・感情・行動モデルを使って自分の事件を整理する

準備するもの

- なし

振り返り

 10分

1週間の振り返り

➡前回のセッションから
の1週間にあった出来事
をメンバー一人ひとり
が発表する

➡最初に1〜2分程度
どんなことを話すか
考える時間を作る

➡ウォーミングアップな
ので，ごく簡単に一人
当たり1〜2分程度で
発表する

「それでは，前回も説明しましたように，この1週間にどんなことがあったか聞かせてください」

例として，ファシリテーターが最初に発表する。ファシリテーターは，毎回，メンバーの発表を聞きながら，各メンバーの行動傾向や変化などを把握していく。

補足

①順番は希望者からでもよいが，全員が話せるように，順に当てる形式でもよい。

②すぐに発表できる人から発表してもらい，その間に，他の人にも考えてもらう。

③どのように話したらよいか戸惑っているメンバーには，ワークブック5ページを参考にできることを伝える。

④誰からも手が挙がらなかった場合には，ファシリテーターがサブファシリテーターを指名して，見本を見せる。

⑤考えてこなかったなど，発表できないメンバーがいても，ホームワークではないため強制はしない（但し，3回以上連続でまったく考えてこなかった場合には，セッション終了後，モチベーションを高める働きかけを行う）。

⑥プライベートなことを話してしまう人には，サブファシリテーターが適宜声掛けをする。

180

復習 12分

第11回の振り返り

➡ワークブック9ページ
のルールを確認する
➡前回学んだ内容につい
ては，補足に記載され
ているページについ
て，ファシリテーター
が読み上げながら確認
する
※適宜，必要なところで
「ホームワークの確認」
をしても構いません

　ファシリテーターが「第11回のまとめ」（152
ページ）を読み，要点を説明する。ファシリ
テーターが説明をすることが中心になるが，ま
とめのページは，メンバーが文章を読み上げる
など，相互のやり取りをしながら進める。
（19ページの注を参照）

補足　「思考・感情・行動モデルとは」147ページ
　　　「思考・感情・行動モデルとは――考えと気
　　　持ちを区別する」149ページ
　　　「思考・感情・行動モデルとは――まとめ①」
　　　150ページ
　　　「第11回のまとめ」152ページ
　　　の内容は必ず復習する。

ホームワークの確認 12分

ホームワークの確認

➡ホームワーク⑪の内容
を発表し，共有する

　どれか一つを選んで発表してもらう。サブ
ファシリテーターはホワイトボードに内容を書
き写す。

　ほとんどのメンバーは良い行動を発表したが
ると思われるので，「第8回：5毎日の生活に
ある『否認』と『最小化』」（ワークブック113
ページ）について見直しながら，「悪い行動を
とってしまっても素直に認めて反省できれば次
からは失敗しないはずですよね」と説明し，悪
い行動についても発表してほしいと促す（無理

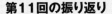

強いはしない)。

ファシリテーターは，悪い行動を発表してくれたメンバーには労いの言葉をかけ（悪い行動に対して否定的な言葉は掛けない），次からどうすればよいか本人やメンバーの意見を交換する。

【想定される内容】
■出来事（きっかけ）：お母さん（友達）が風邪をひいてしまった
■考え：熱が出てつらそうだ，何かしてあげられることがあるかな
■気持ち：心配，かわいそう
■行動：風邪薬を買ってくる，代わりに家事をやってあげる→良い行動

■出来事（きっかけ）：友達と遊ぶ約束をしたのを忘れていた
■考え：友達はずっと待っていて怒っているかもしれない，友達の勘違い（約束はしていなかった）ってことにしちゃおうかな
■気持ち：恐怖，焦り，ドキドキ
■行動：怒られそうだから待ち合わせ場所に行かない，約束していないことにして連絡しない→悪い行動　など

導入

1分

第12回の目的の確認

・行動に関連する気持ちや考えを意識する
・考えを変えて気持ちや行動を変える方法を学ぶ

ファシリテーターから第12回の目的と内容を簡単に説明する。表紙（154ページ）と構成表（タイムスケジュール・155ページ）に簡単に目を通してもらうとよい。

ワーク①

35分

I. 思考・感情・行動 モデルを使って 行動を変える①

■1 悪い行動につながる 考えと気持ち

5分

➡ファシリテーターから 説明する

（ワークブック 156 ページ）

■2-1 行動を変える①

5分

➡ファシリテーターから 説明する

※前回の内容でわからなかったところや質問がないか確認してから今回の内容に入る。前回の内容であまり理解が得られていないようであっても，時間を長くかけて説明すると余計に混乱を招いたり，集中力が低下する可能性がある。ワークをしながら理解できるようになる部分もあるため，必ずしも1ページずつ理解してから次に進むのではなく，「具体的に考えや気持ちを整理してみましょう」などと促し，時間配分通りにワークを進められるとよい。グループ終了後に個別でフォローすることが必要な場合もあるかもしれない。

　ファシリテーターがワークブック 156 ページを読んで説明する。メンバーに読み上げてもらってもよい。

　ファシリテーターがワークブック 157 ページを読んで説明する。メンバーに読み上げてもらってもよい。

補足　①次ページへの導入のため，ワーク下部のポイントが伝わればよい。

　　　②時間があれば，他にもどんなふうに考えや気持ちを変えられるか，メンバーに尋ねてみる。

ワークブック 157 ページ

**2-2 2-3 行動を変え
る② 10分 ③ 15分**
➡各メンバーで記入する

ワークブック 158,159 ページ

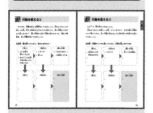

➡それぞれ共有する

　ファシリテーターがワークブック158ページ，159ページを読んで説明し，各自記入する。

　ファシリテーターが巡回し，適宜助言する。必要に応じてエスコートスタッフにサポートを求める。

　共有を行い，良い回答があれば，ファシリテーターは「さすがですね。それだと相手はいやな気持ちになりませんね」「なるほど。それならお互い気持ち良く過ごせますね」などと支持的なコメントをして，今後メンバーが実際にそうした行動をとれるよう促す。

補　足

①不適切な内容があれば，それは良くないこと（考え or 気持ち or 行動）だと説明し，みんなで代わりにどうすればいいかを考える。

②発表者が納得していないようであれば，「女性がこういうことをされたら，どう感じるでしょうか？」「被害者はどんな気持ちになりますか？」と尋ねてみてもよい（「第7回：被害者への共感」の復習）。

184

③不適切な内容を発表したメンバーがいた場
　合，それを例として取り上げ，どんな考え
　や気持ちに変えると良い行動になるかメン
　バー全員で考えてもよい（その人が責めら
　れたりしないように配慮する）。例：「○○
　さんが先ほど発表してくれた行動は，こう
　いう考えや気持ちがあったから，良くない
　行動になってしまったのですね。では，良
　い行動にするためには，どんな気持ちや考
　えを持っていればよかったのでしょうか。
　みんなで考えてみましょう」

【想定される内容】
＜行動を変える②＞ 158 ページ
■下段：考え
・相手は何かいやなことがあって八つ当たりしてきたんだ
・怒ったらもっと怖い目に遭うかもしれない
■下段：気持ち
・びっくり
・不安
■下段：良い行動
・気にしないで通り過ぎる
・警察を呼ぶ
＜行動を変える③＞ 159 ページ
■上段：考え
・いい匂いがする
・さわられたいと思っているのかも
■上段：気持ち
・エッチな気分
・興奮した
■上段：悪い行動
・抱きつく
・ぴったりくっついて座る
■下段：考え
・女性は何か用事があって話しかけているんだ
・別に自分のことが好きだから話しかけているわけでは
　ない
■下段：気持ち
・びっくり

185

・嬉しい，ドキドキ
■下段：良い行動
・そのまま会話をする
・女性に触れないように，距離をとって話をする　など

休憩 10分

休憩	休憩に入る直前に，後半が○時○分から始まる，と明確に伝える。

ワーク② 30分

Ⅱ. 思考・感情・行動モデルを使って行動を変える②

3-1 3-2 思考・感情・行動モデルを使って自分の事件を整理する①② 30分

➡各メンバーで記入する

ワークブック 160, 161 ページ

ファシリテーターがワークブック 160, 161 ページを読んで説明する。

今後良くない行動を誘発するような出来事が起こった際に，どんなふうに考えればいいのか確認しておくという目的がある。

第5回で自分の事件についてまとめたページ（64, 65, 68 ページ）を参考にしながら書くよう伝える。

メンバーにとって負担が大きい内容になるため，個々の事件については共有しない。記入の前に，実際の事件の内容については発表する必要がないため，安心して書いていいことを伝えておく。

共有しないため，ファシリテーターは巡回して適宜助言をしながら，すべてのメンバーの回答が適切な内容になっていることを確認する。必要に応じてエスコートスタッフにサポートを求める。

まとめ

❀セッションのまとめ
5分

➡第12回のポイントを押さえる

（ワークブック162ページ）

　ワークブック162ページのまとめを読み上げる。ファシリテーターとサブファシリテーターが自分の言葉に変えて説明する方が理解しやすい。

補足　必要に応じて，該当するワークブックのページを見直してもよい。

ホームワーク⑫　4分

➡「思考・感情・行動モデル」の説明

（ワークブック163ページ）

　これまでに後悔した行動を思い出し，思考・感情・行動モデルに当てはめる。その行動が良い行動に変わるように考えや気持ちを変える練習をする。

　今回のホームワークは少し難しい内容のため，どんな「出来事」を取り上げるかについては，この時間帯に決めておくと一人でも取り組みやすくなる。そのため，取り上げる「出来事」について一人ずつ問いかけておくとよい。どうしても「出来事」が思いつかない場合は，例を提示してもよい。

次回の予定（プログラム実施日時）の確認　1分

　次回のプログラム実施日時を伝え，メンバーが理解していることを確認する。この際，下記のようにいくつかの大切なルールについては注

意喚起を行うとよい。

 16ページ下方の吹き出し内を参照

思考・感情・行動モデル
③

目的

・行動によって結果が変わることを体験する
・自分の犯罪への黄色信号と対処法を知っておく

内容

❶第 12 回の振り返り：思考・感情・行動モデルを使って行動を変える，思考・感情・行動モデルを使って自分の事件を整理する
❷行動の結果を変える方法
❸犯罪への黄色信号と対処法

準備するもの

・なし

振り返り

10分

1 週間の振り返り

→前回のセッションから
の1週間にあった出来事
をメンバー一人ひとり
が発表する

→最初に1～2分程度
どんなことを話すか
考える時間を作る

→ウォーミングアップな
ので，ごく簡単に一人
当たり1～2分程度で
発表する

「それでは，前回も説明しましたように，この1週間にどんなことがあったか聞かせてください」

　例として，ファシリテーターが最初に発表する。ファシリテーターは，毎回，メンバーの発表を聞きながら，各メンバーの行動傾向や変化などを把握していく。

補足

①順番は希望者からでもよいが，全員が話せるように，順に当てる形式でもよい。

②すぐに発表できる人から発表してもらい，その間に，他の人にも考えてもらう。

③どのように話したらよいか戸惑っているメンバーには，ワークブック5ページを参考にできることを伝える。

④誰からも手が挙がらなかった場合には，ファシリテーターがサブファシリテーターを指名して，見本を見せる。

⑤考えてこなかったなど，発表できないメンバーがいても，ホームワークではないため強制はしない（但し，3回以上連続でまったく考えてこなかった場合には，セッション終了後，モチベーションを高める働きかけを行う）。

⑥プライベートなことを話してしまう人には，サブファシリテーターが適宜声掛けをする。

復習

12分

第12回の振り返り

➡ワークブック9ページ
のルールを確認する

➡前回学んだ内容につ
いては、補足に記載され
ているページについ
て、ファシリテーター
が読み上げながら確認
する

※適宜、必要なところで
「ホームワークの確認」
をしても構いません

ファシリテーターが「第12回のまとめ」（162
ページ）を読み、要点を説明する。ファシリ
テーターが説明をすることが中心になるが、ま
とめのページは、メンバーが文章を読み上げる
など、相互のやり取りをしながら進める。
（19ページの注を参照）

補足 「悪い行動につながる考えと気持ち」156ペー
ジ
「行動を変える①」157ページ
「思考・感情・行動モデルを使って自分の事
件を整理する①②」160, 161ページ
の内容は必ず復習する。

ホームワークの確認

12分

ホームワークの確認

➡ホームワーク⑫の内容
を発表し、共有する

サブファシリテーターはホワイトボードに内
容を書き写す。

後悔した出来事や行動について責めたりはせ
ず、あくまで良い考え、気持ち、行動について
支持的なコメントをする。

【想定される内容】
出来事：難しそうなホームワークが出た
■上段
考え：面倒くさいなぁ、あとでやればいいか
気持ち：うんざり、軽い気持ち
行動：ホームワークをやるのを忘れてしまった

第**13**回

■下段
考え：難しそうだけど頑張ろう，早くやってしまおう。
終わればすっきりする。
気持ち：戸惑い，前向き，すこしワクワク
良い行動：ホームワークを終わらせる

> 「面倒なこと，嫌な思いをしそうな出来事
> は，どうしても気持ちが後ろ向きになってし
> まったり，ついつい行動しないまま終わらせ
> てしまうこともありますよね。でも，少し頑
> 張って前向きな考えを持つことで，気持ちも
> 前向きになり，結果も良い方向に変わってい
> くことがあります。気持ちや行動が前向きに
> 変わると良い結果になるということを知って
> おくことは，とても大切です」

導入　1分

第13回の目的の確認
・ 行動によって結果が変わることを体験する
・ 自分の犯罪への黄色信号と対処法を知っておく

　ファシリテーターから第13回の目的と内容を簡単に説明する。表紙（164ページ）と構成表（タイムスケジュール・165ページ）に簡単に目を通してもらうとよい。

ワーク① 25分

Ⅰ. 行動の結果を変える方法
1-1 悪い行動と良い行動をした時の違い① 3分

　ファシリテーターがワークブック166ページを読んで説明する。灰色の枠の中の文章はメンバーに読み上げてもらってもよい。
　ペア決めに時間を取らないために，ファシリテーターが前もってペアを決めておく。

➡️ファシリテーターが
設定やロールプレイの
やり方を説明する

（ワークブック166ページ）

良い行動をした時と悪い行動をした時では，起こる出来事（行動の結果）がどんなふうに変わるのか，また，それぞれの結果ではどんな気持ちになるのかに注目しながらロールプレイをするよう伝える。

> 「貸した本が汚れて返ってきた時，本を貸した人は『どうして⁉』とイライラしたり，本を借りた人は，相手の本を汚してしまって，どうしよう……と慌てたり，それぞれいろいろな考えや気持ちが浮かぶと思います。では，借りた本を汚してしまった時，みなさんだったらどんなふうに考えたり，どんな気持ちで行動するでしょうか？　役になりきって，体験してみましょう。では，次のページを見てください」

1-2 悪い行動と良い行動をした時の違い② 11分

➡️ファシリテーターから
説明し，ロールプレイ
の見本を示す。示した
後，思考・感情・行動
モデルの結果を記入する
（5分）

（ワークブック167ページ）

ワークブック167ページに沿って進める。ファシリテーターから，ロールプレイ1は悪い結果になるように，思考・感情・行動モデルの例が想定されていることを前もって説明する。

どちらがAさん，Bさんになるか決めてもらい，決まったら「Aさんですね」「Bさんですね」と確認する。

ファシリテーターとサブファシリテーターで見本を見せる。Bさん役の人は，Aさんに黙って本を返すロールプレイを見本として示す。あとは，アドリブでもよい。

A「あれ？　汚れてる」

B「知らないなぁ。どうしたのかな」

A「知らないわけないだろう！」など。

193

第13回

見本を見せた後で，二人でロールプレイを
やってもらう。（同じ内容でもアドリブでも
OK）。

終わったら，二人とAさんとBさんの関係が
どうなるのかなど，行動の結果を考えて，ペー
ジ下部の結果の枠に記入してもらう。

➡時間があれば各グルー
プの回答の通りにロー
ルプレイを行う（6分）

どこかのペアの回答を見ながら，再度ファシ
リテーター，サブファシリテーターがロールプ
レイをする。

補足 ①メンバーがロールプレイをする時に全く同
じ文言になってしまってもよい。

②難しいようであれば，適宜声掛けをする。

**1-3 悪い行動と良い
行動をした時の違い
③ 11分**

➡ファシリテーターから
説明し，ロールプレイ
の見本を示す。示した
後，思考・感情・行動
モデルの結果を記入する
（4分）
➡時間があればロールプ
レイの内容を各ペアに
発表してもらう（実演
してもらう）（4分）

ワークブック168ページに沿って進める。

今度は良い結果になるように思考・感情・行
動の例が想定されていることを説明し，①で
やったAさんとBさんの役割を交替してロー
ルプレイをやってもらう。

初めにファシリテーターとサブファシリテー
ターがアドリブで見本を見せる。

B「ごめん，ここ汚しちゃった」

A「どうしたの？」

B「あわててお茶をこぼしちゃって。弁償す
るよ」など

終わったら，二人で行動の結果を考えて枠の
中に記入してもらう

194

ワークブック168ページ

➡感想を口頭で共有する
　（3分）

補足　①メンバーがロールプレイする時にまったく
　　　　同じ文言になってしまってもよい。
　　　②難しいようであれば，適宜声掛けをする。

　時間があれば，協力してくれるペアを募り，ペアで考えた内容でロールプレイをしてもらう。（ロールプレイは無理強いしない）

　ペアごとにやってみた感想を発表しあう。まとめとして，相手のことを考えた行動は「相手との関係を維持することに役に立つこと」「自分もすっきりした気持ちで過ごせるようになること」を説明する。

> 「ここでいう良い行動とは，相手の気持ちを考えて行う行動です。ロールプレイ1では，AさんとBさんは喧嘩になってしまいました。AさんにもBさんにもいやな気持ち（気持ちや考えについてメンバーが発表した内容を取り上げてもよい）が残りますし，ひょっとしたら，この後，AさんとBさんは友達ではなくなってしまうかもしれません。でも，ロールプレイ2では，Bさんが素直に謝ることで，Aさんと喧嘩にならず，良い関係を続けることができています。また，Bさんも正直に伝えたことで，後ろめたい気持ちを持ち続けずに過ごせるかもしれません。自分の行動が，その後の自分や相手との関係に大きく影響を与えたり，相手の結果を変えることもあるということを覚えていてください」

休憩

休憩	休憩に入る直前に，後半が○時○分から始まる，と明確に伝える。

ワーク② 40分

**Ⅱ. 犯罪への黄色信号
と対処法**

2-1 犯罪への
黄色信号① **8分**

➡ ワークブック 169 ページ
に沿って進める

（ワークブック 169 ページ）

ファシリテーターがワークブック 169 ページ
を読んで説明する。

「ムラムラすると，良くない考えが浮かんだり，犯罪を起こしてしまう危険が高くなりますよね。ここで説明している『犯罪への黄色信号』というのは，簡単に言うと，みなさんをムラムラさせてしまうきっかけになるすべてのものを指します。人や物なども含まれます」

ファシリテーターは例について具体的に説明
をする。例の部分はメンバーに読み上げても
らってもよい。

- 満員電車→女性と密着してさわりたくなってしまう
- 「たいしたことない」という考え→自分に都合のいいように考えて相手の気持ちを無視してしまう
- 暇な時間（だらだら過ごすこと）→特にすることがないため，いろいろなことを考えながら，悪いことにつながる考えが浮かびやすくなってしまう　など

「例えば，『満員電車』や『公園の近くを通っていた時』などは，場所や状況に当てはまるので，自分の外にある黄色信号になりま

す。一方，『さみしい時』『だらだら過ごすこと』などは，考えや気持ち，行動に当てはまるので，自分の中にある黄色信号になります」

犯罪への黄色信号は人によってバラバラであり，正解や不正解はないことを伝える。

難しそうな場合は，「自分が起こした事件はどんなものだったか，自分がエッチな気分になるのはどんな人に対してか，どんな時か」などを考えながら書くように，適宜声掛けをする（第5回：「自分が行った違法な性行動（64，65ページ）」を参照しながら考えてもよい）

プライベートな内容に触れる可能性があるため，共有は行わない。

「先ほどもお伝えしたように，犯罪への黄色信号は，ムラムラするきっかけになるものですので，人それぞれ違います。発表してもらいませんので，『自分がエッチな気分になるのはどんな人に対してか，どんな時か』など考えながら，自分のサインがどんなものか，思いつくサインを自分の外にあるもの（左側の枠）と自分の中にあるもの（右側の枠）に分けてそのまま書いておいてください。どう書いてよいかわからない時は，声を掛けてください」

2-2 犯罪への 黄色信号② 12分

➡ファシリテーターが 説明する（5分）
➡自分の犯罪への黄色 信号を考える（7分）

（ワークブック 170 ページ）

ワークブック 171 ページに沿って進める。メンバーに読み上げてもらってもよい。

犯罪への黄色信号に出会った時だけでなく，腹が立った時や悲しい気持ちになった時など，気持ちが落ち着かない時はいつでも使えること

3-1 犯罪への黄色 信号の対処法① 12分

➡深呼吸，思考ストップ，イメージ，その場を離れる，といった対処法

についてファシリテーターから説明する
➡説明しながら，深呼吸などその場で一緒に行ってみる

ワークブック 171 ページ

も説明する。

補足

①深呼吸：ドキドキしたり，イライラした気持ちを落ち着かせることができる。ファシリテーターが「（息を）吸って，吐いて」とゆっくり言いながら，ゆったりとした深呼吸のペースを作ってもよい。

②思考ストップ：良くない考えや気持ちが浮かんだ時に，まったく違うことを考えるか，頭を空っぽにして何も考えないようにすることで，悪い行動をとらないようにする。ファシリテーターから「悪いことじゃなくてもいいので，最近気になることや頭から離れないことは何かありますか？」と声を掛け（例えば，「お腹がペコペコで，何か食べたいということしか考えられなくてセッションに集中できない」といった例を一つ教示できるとよい），「そのことを思い浮かべたら，心の中でストップと言ってください。その後，何も考えずに頭の中を空っぽにするか，最近あった楽しかったことや好きなことについて考えてみましょう」と促し，メンバーに実践してもらう。

③イメージ：落ち着く音楽を聴いたり，映像を見る（思い出す）ことで気が紛れて落ち着くことができる。ファシリテーターから「自分の好きな音楽や映像，人などを思い浮かべてください」と声掛けをして，実際にメンバーにやってもらう。この時，「たとえば，なんとなく今，そわそわしていたとしても，穏やかで安心できる状況を思い浮かべたり，静かな音楽を聞いたりすることで，気持ちが徐々にゆったりしていき，落ちついた気持ちになれますね」などと補足してもよい。

④その場を離れる：予想していない場面で犯罪への黄色信号に突然出会ったり，イライ

198

ラなどの気持ちが強くて抑えきれない場合は，悪い行動をとる前にとりあえずその場から離れて，気持ちを落ち着かせる→<u>大切！</u>

3-2 犯罪への黄色信号の対処法②

8分

➡ ファシリテーターから説明し，各自記入する

ワークブック 172 ページ

ワークブック 172 ページに沿って進める。

必ずその通りにしなければいけないわけではないこと，自分に合った（気持ちが落ち着く）対処法を使えばいいことを説明する。

説明しながらファシリテーターも実践する。

説明が続くため，適宜声掛けをしたりデモンストレーションするなど，メンバーが集中して行えるよう配慮する。

まとめ

10分

❀ セッションのまとめ

4分

➡ 第 13 回のポイントを押さえる

ワークブック 173 ページ

ワークブック 173 ページのまとめを読み上げる。ファシリテーターとサブファシリテーターが自分の言葉に変えて説明する方が理解しやすい。

補足　必要に応じて，該当するワークブックのページを見直してもよい。

ホームワーク⑬

➡「思考・感情・行動
モデル」の説明 **5分**

ワークブック 174 ページ

次回の予定
**（プログラム実施日時）
の確認** **1分**

次回までの間にイラッとした出来事と悲しかった出来事について，思考・感情・行動モデルに当てはめ，その時使った対処法をメモしておくよう説明する。

イライラしたり悲しいことがあった時には，今日学んだ対処法や対処プランを実践できるように，普段から意識しておくよう伝える。

もし対処法をうまく使えなかった場合も，次の参考になるためそのことを正直に書いておくよう伝える。どうしてうまくできなかったのか理由を考えられるとなおよい。

次回のプログラム実施日時を伝え，メンバーが理解していることを確認する。この際，下記のようにいくつかの大切なルールについては注意喚起を行うとよい。

 16 ページ下方の吹き出し内を参照

第 **14** 回

対処方略
マインドフルネス

目的

・マインドフルネスやその他のリラックス方法を
　知る
・犯罪への黄色信号の対処プランを立てる

内容

❶第13回の振り返り：行動の結果を変える方法，犯罪への
　黄色信号と対処法
❷困った時の対処方略：マインドフルネス，その他のリラックス方法
❸困った時の対処プラン

準備するもの

・ヨガマット等（準備できる場合）

1 週間の振り返り

➡前回のセッションからの1週間にあった出来事をメンバー一人ひとりが発表する

➡最初に1〜2分程度どんなことを話すか考える時間を作る

➡ウォーミングアップなので，ごく簡単に一人当たり1〜2分程度で発表する

「それでは，前回も説明しましたように，この1週間にどんなことがあったか聞かせてください」

　例として，ファシリテーターが最初に発表する。ファシリテーターは，毎回，メンバーの発表を聞きながら，各メンバーの行動傾向や変化などを把握していく。

補足

①順番は希望者からでもよいが，全員が話せるように，順に当てる形式でもよい。

②すぐに発表できる人から発表してもらい，その間に，他の人にも考えてもらう。

③どのように話したらよいか戸惑っているメンバーには，ワークブック5ページを参考にできることを伝える。

④誰からも手が挙がらなかった場合には，ファシリテーターがサブファシリテーターを指名して，見本を見せる。

⑤考えてこなかったなど，発表できないメンバーがいても，ホームワークではないため強制はしない（但し，3回以上連続でまったく考えてこなかった場合には，セッション終了後，モチベーションを高める働きかけを行う）。

⑥プライベートなことを話してしまう人には，サブファシリテーターが適宜声掛けをする。

復習

12分 🕐

第13回の振り返り

➡ワークブック9ページのルールを確認する

➡前回学んだ内容については，補足に記載されているページについて，ファシリテーターが読み上げながら確認する

※適宜，必要なところで「ホームワークの確認」をしても構いません

　ファシリテーターが「第13回のまとめ」（173ページ）を読み，要点を説明する。ファシリテーターが説明をすることが中心になるが，まとめのページは，メンバーが文章を読み上げるなど，相互のやり取りをしながら進める。（19ページの注を参照）

補足　「犯罪への黄色信号①」169ページ
「犯罪への黄色信号の対処法①②」171，172ページ
「第13回のまとめ」173ページ
の内容は必ず復習する。

ホームワークの確認

12分 🕐

ホームワークの確認

➡ホームワーク⑬の内容を発表し，共有する

　イラッとした出来事と悲しかった出来事のどちらかを選んで，出来事の内容と使ってみた対処法を発表してもらう。

　その際に，対処法を使ってみてどうだったかといった感想も共有し，ファシリテーターが適宜コメントする。

補足　①コメント例A：「気持ちが落ち着いた」→「いい対処法が見つかってよかったですね。これからも続けていけるといいですね」

コメント例B：「変わらなかった」「余計イライラした」→「今回の対処法は○○さんには

203

合わなかったのかもしれませんね。めげず
に別の対処法を試してみてください」など

②前回扱った対処法以外のもの（自分なりの
工夫やアイディアなど）を使ったメンバー
がいれば発表してもらう。

③対処法をうまく使えなかったメンバーがい
た場合は，次はどんな対処法を取ればいい
かみんなで考えてもよい。

【想定される内容】
■イラッとした出来事：グループホームの仲間に文句
を言われた
・考え：たいしたことじゃないのに，うるさいなぁ
・気持ち：イライラ，うんざり
・行動：自分の部屋に行く
・使ってみた対処法：その場を離れる，楽しいことを考
える（思考ストップ）

導入

1分

第14回の目的の確認
・マインドフルネスやその他のリラックス方法を知る
・犯罪への黄色信号の対処プランを立てる

ファシリテーターから第14回の目的と内容
を簡単に説明する。表紙（175ページ）と構成
表（タイムスケジュール・176ページ）に簡単
に目を通してもらうとよい。

ワーク①

35分

I. 困った時の対処方略①

1 マインドフルネスとは 3分

➡ファシリテーターから説明する

ワークブック 177 ページ

2 自分の中に注意を向ける 15分

➡概要の説明
➡呼吸のエクササイズ

ワークブック 178,179 ページ

3-1 気持ちを見つめて，手放す① 2分

➡概要の説明
➡ファシリテーターが説明する

ファシリテーターがワークブック 177 ページを読んで説明する。

補足 　マインドフルネスとは
　仏教ともかかわりの深い瞑想に由来しており，「気づき」を重視する。未来のことや過去のことなど，目の前にないものに飲み込まれている「心ここにあらず」の状態から，「今，ここ」の現実へ戻ってきた「目覚めの状態」を指している。考えてもどうしようもない未来や過去のことを反復的に考えて不安になったり，ストレスを感じたりする状態から抜け出す，という点で，「心の省エネ」につながるとされている。

ファシリテーターがワークブック 178，179 ページを読んで説明しながら，メンバー全員で実践する。

ファシリテーターがワークブック 180 ページを読んで説明する。

いずれのワークも，自分のマイナスな考えや気持ちを自覚し，距離を置くことを目的として

第 **14** 回

いる。

ワークブック 180 ページ

3-2 気持ちを見つめて，手放す② 5分

➡ラベリングのワーク
➡ファシリテーターが説明し，自分の思考や感情に名前を付ける

ワークブック 181 ページ

ファシリテーターがワークブック 181 ページを読んで説明する。

頻出する思考や感情にラベル付け（擬人化）することで，自分の思考や感情を外在化し，気づきやすくすることを目的としている。

補足 ①例の「イラット」などは普段から活用して構わないことを伝えるが，メンバー自身でも自分の気持ちや考えにオリジナルの名前を考えるよう伝える。難しければファシリテーターが一緒に考えてもよい。

②ここでラベリングした思考や感情は，次ページの青空のワークでも活用できる。

3-3 気持ちを見つめて，手放す③ 5分

➡青空のワーク
➡ファシリテーターが説明しながら実践する

ファシリテーターがワークブック 182 ページを読んで説明し，みんなで 40 秒間「青空」と繰り返し，実践してみる。

一定時間同じ単語を繰り返すことに集中することで，マイナスな思考や感情から意識をそらし，気持ちを落ち着かせることを目的としている。

補足 40 秒間という時間は長いため，短くして

もよい。ただし，一定時間続けることが重要でもあるため，20秒ほどは続ける。

ワークブック 182ページ

➡それぞれに繰り返す言葉を決め，メモしておく

「食べ物や動物，花の名前など，なるべく短くてわかりやすい単語にするといいですね」と伝える。

3-4 気持ちを見つめて，手放す④ 5分

➡葉っぱのワーク

ワークブック 183ページ

葉っぱのワークは難しい内容のため，メンバーの理解力等を考慮して，扱うかどうかを事前に決めておく。理解が難しそうであれば，深くは扱わずに他のページに時間を多く使ってもよい。

扱う場合は，ファシリテーターがワークブック183ページを読んで説明するが，ワークブックの本編としてではなく，コラムとして「このような方法もありますよ」と紹介する程度にとどめる。

休憩

休憩

休憩に入る直前に，後半が○時○分から始まる，と明確に伝える。

ワーク②

 30分

Ⅱ. 困った時の 対処方略②

4-1 4-2 その他の リラックス法①②

22分

➡①腹式呼吸法
➡②漸進的筋弛緩法
➡ファシリテーターから 簡単に紹介する

ワークブック 184,185 ページ

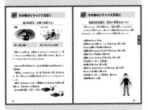

ファシリテーターがワークブック 184，185 ページを読んで説明する。

腹式呼吸法と漸進的筋弛緩法のどちらも，その場で簡単に実践できるとよい。（部屋の広さなどに応じて，立位，座位，マットなどがあれば横になった姿勢など，どの姿勢でもよいが，動きを伴うため，グループが落ち着いた状態を維持できるよう注意する）

①腹式呼吸法は，説明を含め 6 分程度，

②漸進的筋弛緩法は説明を含め 16 分ほどで行う。

これらの方法は，不適切な場面での性的な興奮（ムラムラ）などを落ちつかせる点でも役に立つ。

❺犯罪への黄色信号 の対処プラン **8分**

➡黄色信号への 対処プランを考える

ワークブック 186 ページ

ファシリテーターがワークブック 186 ページを読んで説明する。

考えるのが難しい場合は，「犯罪への黄色信号の対処法」（171，172 ページ）を見直したり，気を紛らわせることができるような自分の好きなことを考えてみるよう促す。

補足 ①ファシリテーターは適宜声掛けをする。

②普段からワークを練習したり，プランを考えておくことで，犯罪への黄色信号にあわてずに対処法を実行できるということを強調する。

208

まとめ

10分 🕐

❀セッションのまとめ
4分

➡第14回のポイントを
押さえる

(ワークブック 187 ページ)

ワークブック 187 ページのまとめを読み上げる。ファシリテーターとサブファシリテーターが自分の言葉に変えて説明する方が理解しやすい。

補足 必要に応じて，該当するワークブックのページを見直してもよい。

ホームワーク⑭ **5分**

➡「取り組むエクササイズ
やワーク」の説明

(ワークブック 188 ページ)

次回までの1週間の間，セッションで扱ったエクササイズやワークから一つを選んで，実際に試してもらう。

その場でメンバー全員に1週間の日付を記入してもらい，取り組むエクササイズやワークを決めて記入し，毎日，どの時間でもよいので，実際にやってみてほしいと伝える。

補足 ①メンバーによっては，時間を決めた方が取り組みやすい可能性があるため，何時頃に行う，といった点まで決めてもよい（エスコートスタッフと一緒に確認してもよい）。

②エクササイズやワークを始める前やエクササイズやワークをやっている時に，どんな気持ちになったかなど気づいたことがあればメモをしておくことや，1週間やってみた感想を自由に書いてほしいと説明する。

③うまくできなかった日があっても，そこに注目せず，どうしたらできるかを考える手がかりになるため，できなかったことを気にし過ぎないようにも伝えておく。

次回の予定（プログラム実施日時）の確認 1分

　次回のプログラム実施日時を伝え，メンバーが理解していることを確認する。この際，下記のようにいくつかの大切なルールについては注意喚起を行うとよい。

 16ページ下方の吹き出し内を参照

第**15**回

リラプスプリベンション①
（4段階モデルと理論）

目的

・犯罪が起こるまでにはどんな段階があるのか学ぶ

内容

❶第14回の振り返り：困った時の対処方略：マインドフルネス，その他のリラックス方法，困った時の対処プラン
❷リラプスプリベンション
❸犯罪につながる4つの段階：4段階モデルとは

準備するもの

・なし

振り返り

1週間の振り返り

➡前回のセッションから
の1週間にあった出来事
をメンバー一人ひとり
が発表する

➡最初に1～2分程度
どんなことを話すか
考える時間を作る

➡ウォーミングアップな
ので，ごく簡単に一人
当たり1～2分程度で
発表する

「それでは，前回も説明しましたように，
この1週間にどんなことがあったか聞かせて
ください」

　例として，ファシリテーターが最初に発表す
る。ファシリテーターは，毎回，メンバーの発
表を聞きながら，各メンバーの行動傾向や変化
などを把握していく。

| 補 | 足 |

①順番は希望者からでもよいが，全員が話せ
るように，順に当てる形式でもよい。

②すぐに発表できる人から発表してもらい，
その間に，他の人にも考えてもらう。

③どのように話したらよいか戸惑っているメ
ンバーには，ワークブック5ページを参考
にできることを伝える。

④誰からも手が挙がらなかった場合には，
ファシリテーターがサブファシリテーター
を指名して，見本を見せる。

⑤考えてこなかったなど，発表できないメン
バーがいても，ホームワークではないため
強制はしない（但し，3回以上連続でまっ
たく考えてこなかった場合には，セッショ
ン終了後，モチベーションを高める働きか
けを行う）。

⑥プライベートなことを話してしまう人に
は，サブファシリテーターが適宜声掛けを
する。

復習

12分

第14回の振り返り

➡ ワークブック9ページのルールを確認する

➡ 前回学んだ内容については，補足に記載されているページについて，ファシリテーターが読み上げながら確認する

※ 適宜，必要なところで「ホームワークの確認」をしても構いません

　ファシリテーターが「第14回のまとめ」（187ページ）を読み，要点を説明する。ファシリテーターが説明をすることが中心になるが，まとめのページは，メンバーが文章を読み上げるなど，相互のやり取りをしながら進める。
（19ページの注を参照）

補足　「その他のリラックス方法①②」184，185ページ
「犯罪への黄色信号の対処プラン」186ページの内容は必ず復習する。

ホームワークの確認

12分

ホームワークの確認

➡ ホームワーク⑭の内容を確認する

　感想を一人ずつ発表する。

　「呼吸法を1週間やってみて気持ちが落ち着いた」など，今後も続けていく動機づけとなるような前向きなコメントが引き出せるとよい。

導入

1分

第15回の目的の確認

・ 犯罪が起こるまでにはどんな段階があるのか学ぶ

　ファシリテーターから第15回の目的と内容を簡単に説明する。表紙（189ページ）と構成表（タイムスケジュール・190ページ）に簡単に目を通してもらうとよい。

ワーク①　35分

I. 4段階モデルとは
①

■1 リラプスプリベン
ションとは　2分

➡ファシリテーターから
説明する

（ワークブック191ページ）

リラプスプリベンションの意味について，
ファシリテーターがワークブック191ページを
読みながら説明する。

以下，犯罪につながる4段階について，ファ
シリテーターがワークブック192ページ〜197
ページを読みながら説明する。集中力維持のた
めに，メンバーに読んでもらってもよい。

2-1 犯罪につながる
4つの段階①-1
2分

➡ファシリテーターから
説明する

（ワークブック192ページ）

ファシリテーターがワークブック192ページ
を読みながら説明する。

①きっかけ・動機・空想（イメージ）

性的なイメージを持つこと自体は悪いことで
はないが，犯罪に当てはまるような性的なイ
メージを持っていると，実際に行動に移してし
まう可能性があることを強調する（ここでいう
イメージとは，性犯罪に結び付くイメージ＝簡
単に言えばムラムラする時のイメージのこと）。

2-2 犯罪につながる
4つの段階①-2
12分

ファシリテーターがワークブック193ページ
を読みながら説明し，第2回〜第6回を簡単に
振り返りながら，きっかけ・動機・空想（イ

メージ）に該当する内容を復習する。

　ワークブックに載っている内容以外にも，まとめのクイズや○×クイズで答えが×のものもきっかけ・動機・空想（イメージ）に当てはまるため，各自復習しておいてほしいと伝える（時間があればセッション中に確認してもよい）。

| 補足 | 時間が余るようであれば，挙手制で他に思いつくことを発表してもらってもよい。 |

➡ファシリテーターから
　説明する

ワークブック 193 ページ

3-1 犯罪につながる 4 つの段階②-1

2分

➡ファシリテーターから
　説明する

ワークブック 194 ページ

3-2 犯罪につながる 4 つの段階②-2

12分

➡ファシリテーターから
　説明する

　ファシリテーターがワークブック 194 ページを読みながら説明する。

　②自分の中の言い訳

　言い訳はすべて加害者側の考えであって，被害者はそうは考えないことを強調する。

　ファシリテーターがワークブック 195 ページを読みながら説明し，第 8 回～第 9 回を簡単に振り返りながら，言い訳に該当する内容を復習する。

　ワークブックの内容に加え，「わたしの考え方のクセ」（118，119 ページ）を確認する。

第 **15** 回

ワークブック 195 ページ

4 犯罪につながる 4 つの段階③　3分

➡ファシリテーターから説明する

ワークブック 196 ページ

ファシリテーターがワークブック 196 ページを読みながら説明する。

③具体的な行動を考える

犯罪行為について具体的な行動を考えてしまうと，できそうな気になってしまい，行動するまであと一歩になってしまうと伝える。

5 犯罪につながる 4 つの段階④　2分

➡ファシリテーターから説明する

ワークブック 197 ページ

ファシリテーターがワークブック 197 ページを読みながら説明する。

④犯罪を実行する

犯罪を実行してしまうと，これまで学んできた通り，被害者も自分も自分の周りの人も傷つくことになることを思い出すよう促す。

休憩

10分

休憩

休憩に入る直前に，後半が○時○分から始まる，と明確に伝える。

ワーク②

30分

Ⅱ. 4段階モデルとは②

**6 4段階モデル
——性犯罪以外の
例 4分**

➡ファシリテーターから
説明する

(ワークブック 198 ページ)

ファシリテーターがワークブック 198 ページを読んで説明する。

①②③がそれぞれに影響を与えて，最終的に本を盗むという④の犯罪行為に至っているという流れを説明する。

早い段階で良くない考えやイメージを食い止められれば犯罪にはつながらないことを強調する。

「①のきっかけ・動機・空想（イメージ）を持ってしまうのは，しょうがないことです。外出中に，自分の外にある犯罪への黄色信号に出くわしてしまったり，ふと頭にイメージが浮かんでしまうこともあります。この段階で，それは良くない考えで，実際にしてはいけないことなんだと考えを変えられると，犯罪にはつながりません。ですが，②，③と段階が進めば進むほど踏みとどまるのが難しくなって，犯罪につながりやすくなってしまいます。もし良くない考えを持ってしまったら，次の段階に進まないよう，その段階で踏みとどまれるようにしましょう」

第**15**回

ファシリテーターは説明が終わったら，各段階でどうすれば次の段階につながらないで済むかを考えるよう促す。

「①のきっかけ・動機・空想（イメージ）をどんなふうに変えれば②につながらないと思いますか？」「②でどんなふうに考えれば③で具体的な行動を考えずに済むでしょうか？」など声掛けを行う。

ワークブック199，200ページに沿って進める。**7-1** では「学校・勤務先からボールペンを盗む」という例について，**7-2** ではメンバー自身で考えた場面や出来事について，4段階モデルに当てはめる。

自分が起こした事件についてはこの後に扱うため，性犯罪以外の例を考えるように伝える。

実際に犯罪を起こしたり，悪い行動をした時のことを書く必要はない。良くない行動の考えが浮かんだ時に，どのような流れで実行に移るのかということを考えることが目的である。

ファシリテーターがきっかけ・動機・空想（イメージ）を持った時の例を挙げて，4段階モデルを一緒に考えてみる。サブファシリテーターはホワイトボードに内容を書き写す。

7-1 **7-2** 4段階モデル——性犯罪以外の例を考える①②
26分

➡各自記入する（18分）

ワークブック199,200ページ

「実際に悪い行動をしてしまった時のことを書く必要はありません。ですが，実行に移さなくても，良くないことを考えてしまうことは誰にでもありますね」

「例えば私は，子どもの時に友達がかっこ

いいボールペンを持っていて，つい自分のものにしたいなぁと思ったことがあります。その時は，4段階モデルの①きっかけ・動機・空想（イメージ）で終わったので盗んだりしませんでしたが，もし4段階モデルの先に進んでいたら，どうなっていたでしょうか。②③④の段階について，一緒に考えてみましょう」（※ファシリテーターごとの例でよい）

その後メンバーごとに記入する。

難しいようであれば，ファシリテーターは適宜声掛けをする。

記入する枠は階段になっているため，一番下の枠「①きっかけ・動機・空想（イメージ）」から記入していくよう促す。

例：
①きっかけ・動機・空想（イメージ）
　友達の持っているボールペン，かっこいいなぁ。欲しいなぁ
②自分の中の言い訳
　友達は他にもボールペンを持っているから，盗んだって困らないはず
③具体的な行動を考える
　友達がトイレに行っている際にこっそり盗ってしまおう
④犯罪を実行する
　友達がいなくなった時に机にこっそり近づいて，ボールペンを手に取ってポケットに入れる

→ 7-1 7-2 をそれぞれ共有する（8分）

ファシリテーターが何名かを指名して発表してもらう（事前に回答をチェックしておき，良かったメンバーを選ぶ）。

ファシリテーターは発表の内容について「確かに，○○という言い訳をしてしまうと，これ

くらい大丈夫だという気になって，計画を立てることになってしまいますね」など適宜コメントする。

まとめ

10分

❀セッションのまとめ
4分
➡第15回のポイントを押さえる

（ワークブック201ページ）

ワークブック201ページのまとめを読み上げる。ファシリテーターとサブファシリテーターが自分の言葉に変えて説明する方が理解しやすい。

補足 必要に応じて，該当するワークブックのページを見直してもよい。

ホームワーク⑮ **5分**
➡「きっかけ・動機・空想（イメージ）／どんな時？」の説明

（ワークブック202ページ）

毎日の生活の中で犯罪につながりそうになったきっかけやイメージが浮かんできた時のことを，例を参考にして，次のセッションまでに書き出してもらう。

> 犯罪につながりそうなきっかけやイメージが浮かんできても，それぞれのステップで犯罪を実行しないようにストップすることができます。まずは自分自身の犯罪につながりそうなきっかけやイメージをもう一度確認しておきましょう。

次回の予定 （プログラム実施日時） の確認 1分

　次回のプログラム実施日時を伝え，メンバーが理解していることを確認する。この際，下記のようにいくつかの大切なルールについては注意喚起を行うとよい。

 16ページ下方の吹き出し内を参照

第 **16** 回

リラプスプリベンション②
（再犯防止計画）

目的

・犯罪を起こさないようにするための自分だけの
　計画を立てる

内容

❶第 15 回の振り返り：リラプスプリベンション，犯罪につ
　ながる 4 つの段階：4 段階モデルとは
❷4 段階モデルと性犯罪，私の事件と 4 段階モデル
❸4 段階モデルを使った再犯防止計画

準備するもの

・なし

振り返り

1 週間の振り返り

➡前回のセッションから
の1週間にあった出来事
をメンバー一人ひとり
が発表する

➡最初に1〜2分程度
どんなことを話すか
考える時間を作る

➡ウォーミングアップな
ので，ごく簡単に一人
当たり1〜2分程度で
発表する

 「それでは，前回も説明しましたように，
この1週間にどんなことがあったか聞かせて
ください」

　例として，ファシリテーターが最初に発表す
る。ファシリテーターは，毎回，メンバーの発
表を聞きながら，各メンバーの行動傾向や変化
などを把握していく。

補足 ①順番は希望者からでもよいが，全員が話せ
るように，順に当てる形式でもよい。

②すぐに発表できる人から発表してもらい，
その間に，他の人にも考えてもらう。

③どのように話したらよいか戸惑っているメ
ンバーには，ワークブック5ページを参考
にできることを伝える。

④誰からも手が挙がらなかった場合には，
ファシリテーターがサブファシリテーター
を指名して，見本を見せる。

⑤考えてこなかったなど，発表できないメン
バーがいても，ホームワークではないため
強制はしない（但し，3回以上連続でまっ
たく考えてこなかった場合には，セッショ
ン終了後，モチベーションを高める働きか
けを行う）。

⑥プライベートなことを話してしまう人に
は，サブファシリテーターが適宜声掛けを
する。

復習

12分 🕐

第15回の振り返り

➡ワークブック9ページのルールを確認する

➡前回学んだ内容については、補足に記載されているページについて、ファシリテーターが読み上げながら確認する

※適宜、必要なところで「ホームワークの確認」をしても構いません

　ファシリテーターが「第15回のまとめ」（201ページ）を読み、要点を説明する。ファシリテーターが説明をすることが中心になるが、まとめのページは、メンバーが文章を読み上げるなど、相互のやり取りをしながら進める。（19ページの注を参照）

補足 「犯罪につながる4つの段階①-1」192ページ～「犯罪につながる4つの段階④」197ページの内容は必ず復習する。

ホームワークの確認

12分 🕐

ホームワークの確認

➡ホームワーク⑮の内容をファシリテーターが確認し、回答例を伝える。

※本人からの発表なし。

「良くない行動をイメージしたり、良くない行動のイメージに対する言い訳が浮かんできた際の具体的な考えやきっかけ・動機・空想（イメージ）（どんな時？）について考えてみましたか。こちらは発表はせず、ファシリテーターの回答例をお伝えしますので、自分の考えた内容と一緒に考えてみてください」

【想定される内容】
きっかけ・動機・空想（イメージ）／どんな時？
■考え：女性のお尻をさわりたい
■どんな時？：駅で好みの女性を見かけた時

自分の中の言い訳

「このように自分の中で良くない考えやイメージが湧いてきた時に自分の中で都合のよい言い訳をしてしまうこともあるでしょう。しかし，その考えやイメージに対して具体的な行動を考えてしまったり，実際に行動してしまうと犯罪につながってしまいます。しかし，自分の考えやイメージを実行しないようにするためには，良くない考えや言い訳が浮かんできた時の対処法を考えておくことで犯罪を未然に防ぐことができます。第16回では，4つの段階を使用したリラプスプリベンション（再犯防止）計画を学習していきましょう」

導入

1分

第16回の目的の確認

・犯罪を起こさないようにするための自分だけの計画を立てる

　ファシリテーターから第16回の目的と内容を簡単に説明する。表紙（203ページ）と構成表（タイムスケジュール・204ページ）に簡単に目を通してもらうとよい。

　この時に，第15回の「■リラプスプリベンションとは」（191ページ）で説明した「②危険な状況になってしまった時の対処法を考えておくこと」について，今回の後半で扱っていくと説明する。

ワーク①

30分

I. 4段階モデルと性犯罪，私の事件と4段階モデル

1 4段階モデル ——性犯罪の例

6分

➡ ファシリテーターから説明する

（ワークブック205ページ）

ファシリテーターがワークブック205ページを読みながら説明する。各段階について説明した後，次のような説明を行う。

> 「性的なことについて，きっかけ・動機・空想（イメージ）を持ってしまうこともあると思います。先ほども説明しましたように，4段階モデルは先に進めば進むほど止めるのが難しくなり，性犯罪を実行するリスクも高くなります。良くない考えを持ってしまったとしても，なるべく①の段階で踏みとどまれるように意識しましょう」

補足　復習として性犯罪を受けた被害者の気持ちを再度扱ってもよい。

2 4段階モデルを使った再犯防止計画

8分

➡ ファシリテーターから説明する

（ワークブック206ページ）

ファシリテーターがワークブック206ページを読んで説明する。犯罪を実行する場合のステップと実行しない場合のステップを比べながら説明する。

・犯罪のきっかけ・動機・空想（イメージ）を持ってしまった時には，気分を紛らわせたり他のことを考えられるようなことをする。

・自分の中の言い訳を考えだしたら，犯罪を実行してはいけない理由や，それをするとどんなことが起こるか考える。

第**16**回

227

・具体的な行動を考え始めたら，一旦，その考えをストップして，犯罪ができない条件（考えたよくない行動が実行できない条件）を考え，別のよい行動を具体的に計画してみる。

・犯罪を実行しようとした時も，被害者の気持ちを想像したり，別のことをして犯罪行為をしないようにする。

❸ 4段階モデル ──自分の事件

16分

➡各自記入する

ワークブック 207 ページ

ワークブック 207 ページに沿って進める。

第 7 回の「❽自分の事件について振り返る（ワークブック 100 ページ）」を見直しながら考えるとよいと伝える。

補足

①記入が難しそうなメンバーがいれば，「事件を起こす前，どんなことを考えていましたか？」「どんなふうにしようと思っていましたか？」など，ファシリテーターが適宜声掛けを行う。必要に応じてエスコートスタッフにサポートを求める。

②メンバーにとって負担が大きいため，内容の共有は行わない。安心して書いていいことを伝えておく。

休憩

10分

休憩

休憩に入る直前に，後半が○時○分から始まる，と明確に伝える。

Ⅱ. 4段階モデルを使った再犯防止計画

4-1 問題を起こさないための対処法・計画（例）
5分

4-2 問題を起こさないための対処法・計画 15分
➡ファシリテーターから説明する

ワークブック 208, 209 ページ

5 わたしの再犯防止計画 15分
➡ファシリテーターから説明する

ワークブック 208 ページに沿って進める。

207 ページ「4段階モデル──自分の事件」で記入した内容について，メンバーそれぞれの問題を起こさないための対処法・計画を 209 ページに記入する。「2 4段階モデルを使った再犯防止計画」（206 ページ）や「4-1 問題を起こさないための対処法・計画（例）」（208 ページ）の例も参考にするとよい。

補足
①記入が難しそうなメンバーがいれば，ファシリテーターは犯罪行為について確認しながら，「そういうことをすると，被害者はどんな気持ちになると思いますか？」「どんなことに気をつければ，それをしないで済むと思いますか？」など適宜声掛けを行う。

②メンバーにとって負担が大きいため，内容の共有は行わない。安心して書いていいと伝えておく。

第16回

ファシリテーターがワークブック 210 ページを読んで説明し，メンバーそれぞれが考えて記入する。この際，メンバーが自分の事件を振り返りながら再犯防止計画を考えられるよう，適宜，207 ページを見返しながら記入するように促す。

ワークブック 210 ページ

4段階モデルは，犯罪行為だけでなく，犯罪を起こさないようにするための計画を立てるのにも役立つことを説明する。

①犯罪につながるきっかけ・動機・空想（イメージ）ではなく，良い発想・イメージを思い浮かべる。

②犯罪行為をしたら被害者がどんな気持ちになるか，どんなことが起こるか，してはいけない理由を考える。

③犯罪ができない条件を考える→犯罪への黄色信号を考えて避けたり，対処法を考える・実践することもここに含まれる。

④犯罪行為をしたくなる場面に遭遇しても，被害者のことを考えて実行しないようにする→思いがけず犯罪への黄色信号に出会った時に，対処法を使う，ということもここに含まれる。

まとめ

10分

❀セッションのまとめ

4分

➡第16回のポイントを
押さえる

ワークブック211ページ

ホームワーク⑯ 5分

➡「性犯罪に結びつき
やすい生活」の説明

➡「わたしの再犯防止
計画」の説明

ワークブック212ページ

ワークブック 211 ページのまとめを読み上げる。ファシリテーターとサブファシリテーターが自分の言葉に変えて説明する方が理解しやすい。

|補|足| 必要に応じて，該当するワークブックのページを見直してもよい。

自分が起こした事件について，4段階モデルを使った再犯防止計画を完成させる。

犯罪行為の4段階モデルはそのままで，「自分が行った違法な性行動」（64ページ）を転記し，同じことを繰り返さないように，同じようなことを考えた時にどうすればいいのか考えるよう説明する。

> 「『**5**わたしの再犯防止計画』（210ページ）で作成した4段階モデルを使った『再犯防止計画』」について，支援者の方にアドバイスをもらいましょう。また，アドバイスを参考に再犯防止計画を完成させましょう」

ホームワークの手順としては，以下のように説明する。

（以外の1と2はワークブック記載のホーム

第**16**回

ワークブック 213,214 ページ

ワークブック 215 ページ

**次回の予定
（プログラム実施日時）
の確認** 1分

ワーク①に，3と4は②に対応している）

1. はじめに「性犯罪に結びつきやすい生活（213 ～ 215 ページ）を記入してもらう。

2. 第 13 回「犯罪への黄色信号」（169 ～ 170 ページ）の内容を確認する。

3. 上記1．2の内容を確認しながら，「わたしの再犯防止計画」（210 ページ）を見直す。

4. 自分がたてた再犯防止計画について支援者からアドバイスをもらう。

　次回のプログラム実施日時を伝え，メンバーが理解していることを確認する。この際，下記のようにいくつかの大切なルールについては注意喚起を行うとよい。

 16 ページ下方の吹き出し内を参照

第 **17** 回

リラプスプリベンション③
（生活とスケジュール）

目的

・ 性犯罪をしないためには，どうすればいいか復習する
・ 生活スケジュールを立てる

内容

❶第 16 回の振り返り：4 段階モデルと性犯罪，私の事件と 4 段階モデル，4 段階モデルを使った再犯防止計画
❷これまでの内容と対処法の復習
❸生活スケジュールとスケジュールを守る工夫

準備するもの

・なし

1 週間の振り返り

➡前回のセッションから の1週間にあった出来事 をメンバー一人ひとり が発表する

➡一人当たり1～2分 程度で発表する

➡あるいは，最初に1分 程度，どんなことを話 すか考える時間を作っ てもよいが，その場合 にも，振り返りが10 分で終了できるように 時間配分に注意する

「それでは，前回も説明しましたように， この1週間にどんなことがあったか聞かせて ください」

例として，ファシリテーターが最初に発表す る。ファシリテーターは，毎回，メンバーの発 表を聞きながら，各メンバーの行動傾向や変化 などを把握していく。

補足 ①順番は希望者からでもよいが，全員が話せ るように，順に当てる形式でもよい。

②すぐに発表できる人から発表してもらい， その間に，他の人にも考えてもらう。

③どのように話したらよいか戸惑っているメ ンバーには，ワークブック5ページを参考 にできることを伝える。

④誰からも手が挙がらなかった場合には， ファシリテーターがサブファシリテーター を指名して，見本を見せる。

⑤考えてこなかったなど，発表できないメン バーがいても，ホームワークではないため 強制はしない（但し，3回以上連続でまっ たく考えてこなかった場合には，セッショ ン終了後，モチベーションを高める働きか けを行う）。

⑥プライベートなことを話してしまう人に は，サブファシリテーターが適宜声掛けを する。

復習

12分

第16回の振り返り
- ➡ワークブック9ページ
  のルールを確認する
- ➡前回学んだ内容につい
  ては，補足に記載され
  ているページについ
  て，ファシリテーター
  が読み上げながら確認
  する
- ※適宜，必要なところで
  「ホームワークの確認」
  をしても構いません

前回のワークブックを見直しながら復習する。ファシリテーターが説明をすることが中心になるが，まとめのページは，メンバーが文章を読み上げるなど，相互のやり取りをしながら進める。（19ページの注を参照）

補足 「4段階モデル——性犯罪の例」205ページ
「4段階モデルを使った再犯防止計画」206ページ
「問題を起こさないための対処法・計画」
209ページ
「わたしの再犯防止計画」210ページ
「第16回のまとめ」211ページ
の内容は必ず復習する。

ホームワークの確認

12分

ホームワークの確認
- ➡ホームワーク⑯の内容
  をファシリテーターが
  確認し，よい修正があ
  れば，概要を共有して
  もよい
- ※本人からの発表なし

「**5**わたしの再犯防止計画」（210ページ）について，支援者からもらったアドバイスを基に自分の再犯防止計画を見直し，修正が必要な箇所は修正する。

補足 ①計画の修正が進まないメンバーがいる時は適宜声を掛けてフォローする。

②ホームワークの「支援者からのアドバイス」を基に修正できているかをファシリテーターは確認しながら，必要に応じて計画の修正をフォローする。

③ホームワーク①「性犯罪に結びつきやすい

第**17**回

235

生活」については「**3**-1，2　性犯罪に結びつきやすい生活①②」（220，221 ページ）で取り扱うことを伝える。

導入

1分

第 17 回の目的の確認

・性犯罪をしないためには，どうすればいいか復習する
・生活スケジュールを立てる

ファシリテーターから第 17 回の目的と内容を簡単に説明する。表紙（216 ページ）と構成表（タイムスケジュール・217 ページ）に簡単に目を通してもらうとよい。

ワーク①

20分

I. 対処法の復習
1 性犯罪を起こさないためにできること

8分

ワークブック 218 ページ

ファシリテーターがワークブック 218 ページを読んで説明する。

4 段階モデルの各段階に陥った時，どんなことをすればいいのか，復習も兼ねてこれまでの内容を振り返りながら説明する。

補 足 ①性犯罪に結びつくようなイメージや気持ちが湧いてきた時（ムラムラした時）の対処法は人それぞれで異なる。別のイメージを持って気持ちを切り替える方法が合っている人や，第 14 回で学んだような腹式呼吸法や漸進的筋弛緩法など，からだを動かす方が合っている人もいる。

②ワークの中には，該当するセッション回数などが記載してあるが，メンバー自身にも該当ページを開きながら振り返ってもらう形式を取ると，かなり時間がかかってしまう可能性があるので，ここではファシリテーターらが，全体の流れを例を挙げながら説明する（なお，次の219ページに自分で記入する時に，該当ページを振り返ってもらう）。

> 「前回は，犯罪につながる4つの段階があるということを学びました。この4段階は，誰にでもあります。もしもきっかけ・動機・空想（イメージ）を考えてしまったり，それに対して，言い訳をしたくなったり，実際に犯罪となりそうな具体的な行動を考えそうになった時にはどうしたらいいでしょうか。どうしたらよいのかを考える時に，これまでのセッションで勉強してきたいろいろなことが役に立ちます」

> 「犯罪を起こさないようにするためには，4段階モデルのうちの，なるべく早い段階で対処することが大切です。ワークブックを見てください。初めにあるのは『きっかけ・動機・空想（イメージ）』ですね。いざという時にもすぐに思い出せるように，まずは，どの段階でどんなことをすればいいのか，これまでの内容，自分の対応方法について整理しておきましょう」

➡ファシリテーターが説明しつつ，第5回，第7～10回，第12～14回の内容を振り返りながら，困った時にどうすればいいのかを整理する

第5回～第14回の該当ページについて，ファシリテーターが要点を説明し，簡単に復習する。

補足 ①例えば，下記のように要点をかいつまんで，説明する。説明はファシリテーターがやりやすい方法で，変更してもよい。

第17回

A：①「性犯罪のきっかけ・動機・空想（イメージ）が湧いてきた時には，第8回で考え方のクセについて勉強したことを思い出してみましょう。例えば，『そんなに気にはしないだろう』といった，自分がやったことをたいしたことがないと考える「最小化」という考え方のクセが出ていないかな，と考えることもできます（後に，チェックリストの用紙を見直してもよい）。また，そうした考えが浮かんだ時には，第14回で勉強した『青空のワーク』や『腹式呼吸法』などを試してみることで，きっかけ・動機・空想（イメージ）から，頭を切り替えることもできます。みなさんがいいなと思ったリラックス法はどれでしたか」（メンバーの誰かに「○○さんにとってどのリラックス法が効きそうでしたか？」と尋ねてもよい）

B：「してもいいことにする『②自分の中の言い訳』の段階では，自分の中に，第9回で勉強したような性犯罪につながりやすい5つのとらえ方（認知）の歪み，例えば『自分もやられたことがあるから』といった言い訳をしていないかな，という振り返りもできますね。そんな時には，第7回で勉強したように，『相手は怖いとか，気持ち悪いと思っているかもしれない』といった被害者の気持ちを考えたり，第5回で勉強した，『違法な（やってはいけない）性行動』に当てはまるような行動をしようとしていないかと考えることで，この②の段階で，ストップできるかもしれません」

C：「『③具体的な行動を考える』の段階まで進んでしまった時には，第5回で勉強したように『違法な性行動を行うとどうなるだろう』と考えたり，第10回，第12回で勉強したように，『別の行動をする』『別の考えをする』ことで，行動をストップで

きるかもしれません。また，第14回で勉強した対処法，リラックス法の「青空のワーク」や「腹式呼吸法」，筋肉に思いっきり力を入れて，次に力を抜くといった方法で，気持ちを切り替えることができるかもしれません。こうした方法によって，①，②，③のどの段階でもストップできるようにしておくと，被害者のことを考えて犯罪行為を実行しない自分に近づけるのではないかと思います」

②「①，②の段階でストップするためには，第8回『わたしの考え方のクセ』や第14回『マインドフルネス』といった内容以外にも，何かありますか？」などと質問したり，例えば，「第5回の『違法な性行動をするとどうなる？』は，きっかけ・動機・空想（イメージ）を持った時に使えるかもしれませんね」などと助言してもよい。

❷性犯罪を起こさないためにできることリスト 12分

➡各メンバーで記入する

(ワークブック219ページ)

ワークブック219ページに沿って進める。

❶の内容を基に，実際に4段階モデルに陥ってしまった時にどうするか，メンバーごとに自分のリストを作成する。

前述の通り，良いイメージによって気持ちを切り替える方法や，からだを動かす方法など，人それぞれに合った対処法があるため，自分に合った方法を見つけられるとよい。

自分のリストを作成する際には，218ページの例で示したように，該当のページを開いてもらい，自分の回答を見直しながら記載していく。

第17回

補足 ①ここで重要なのは，4段階それぞれの段階でどれくらい実行可能なプランを持っているかという点であるため，各段階にはあま

239

りこだわらずに考えてもらえるとよい。

②ここでは，誰かの意見を書き写すのではなく，できる限りオリジナルな方法を自分で考えてもらうことが大切なので，時間がかかりそうな場合には，セッション外の時間にファシリテーターとサブファシリテーター，エスコートスタッフが個別にサポートする。

休憩 10分

休憩　　　　休憩に入る直前に，後半が○時○分から始まる，と明確に伝える。

ワーク② 45分

Ⅱ. 生活スケジュール
3-1 **3-2** **性犯罪に結びつきやすい生活**
①② 12分

➡ファシリテーターが説明し，各自記入する（10分）

ワークブック 220 ページ

　　ワークブック 220 ページと「性犯罪に結びつきやすい生活」（213 〜 215 ページ）に沿って進める。

　　実際に性犯罪を起こした時の生活を思い出してもらうことで，生活が乱れていると心身の調子が悪くなり，性犯罪につながりやすいということを実感してもらう。

　　記入が終わったら，「みなさん，いくつ○がつきましたか」と確認し，生活が乱れていると悪い考えが浮かんだり，犯罪を起こしてしまう可能性が高くなるということ，繰り返し説明する。

| 補足 |
①いくつ○がついたのか,「○○さんはいく
つ○がつきましたか?」と個別に尋ねても,
「○が1つだった人?」と挙手で確認して
もよい。

②どの項目に○がついたかは,発表してもよ
いメンバーがいれば発表してもらう。「ど
の内容に○がついたのか,発表してもよい
人がいれば,教えてください」

③発達障害を持つ人の場合には,規則正しい
生活を送っていたとしても,「予定がない
時間」「空白の時間」「自由時間」が一番危
険といわれているため,「何もすることが
なくて,退屈な時はありませんでしたか?」
「そういう時間ができてしまっても,良く
ない行動につながりやすくなります」など,
声掛けをしてみてもよい。

➡**生活とこころのバランス
をグラフに記入する
(2分)**

（ワークブック 221 ページ）

ワークブック 221 ページを読んで説明する。
各項目の点数のグラフを記入してもらう。

「みなさんの生活とこころのバランスのグ
ラフは書けましたか。グラフの数字が高いほ
ど,生活やこころが不安定になっていたり,
心身の調子が悪くなっていたと考えられま
す。生活が乱れていると心身の調子が悪くな
り,性犯罪につながりやすくなります。日頃
から規則的な生活を送り,心身の調子を崩さ
ないようにしていきたいですね」

「性犯罪に結びつきやすい生活」の項目はそ
れぞれ10個設けてある。グラフの数値が低かっ
たメンバーがいた場合,以下のように伝える。

「グラフの数値が低かったということは,
その時の○○さんは,困っていたり,不規則

第**17**回

241

な生活をしていたわけではなかったようですね。でも，誰かを傷つけるようなことをしてしまったということは，そのちょっとした生活の乱れでも，良くない行動をしてしまうきっかけになるかもしれないということです。毎日を完璧に過ごすことは難しいですが，なるべく生活リズムを乱さないように気をつけながら過ごすことが大切ですね」

|補|足| 　実際には生活が不規則になっていたものの，覚えていない，思い出せない，また，認めたくないなどの理由で○がつかなかった場合も考えられることに留意しておく。

❹生活リズムと スケジュール 2分

➡ファシリテーターから 説明する

ワークブック 222 ページ

　ファシリテーターがワークブック 222 ページを読んで説明する。

　規則正しい生活がどうして犯罪をしないことにつながるのかが，うまくイメージできていないようであれば，睡眠や食事をしっかりととることは身体的にも精神的にも安定して健康でいられること，不規則な生活リズムは，犯罪にもつながりやすいことなどを説明する。

|補|足| 　「先ほど，『性犯罪に結びつきやすい生活』のページに○をつけて，事件を起こしてしまった時の生活を振り返りました。（○が少ない人もいましたが）事件の頃は実際に生活が乱れていたことがわかりましたね」などと補足してもよい。

❺わたしの生活スケ ジュール：例 2分

➡普段（プログラムに参 加する日や仕事に行く

日）の生活スケジュールをについて説明する

ワークブック 223 ページ

6-1 6-2 わたしの 生活スケジュール ①② 12分

➡普段（プログラムに参加する日や仕事に行く日）の生活スケジュールを記入する

ワークブック 224,225 ページ

6-3 わたしの生活 スケジュール③ 休日 10分

➡休日の生活スケジュールを記入する

5の例を参考にしながら，ワークブック 224,225 ページに各自記入する。

補足 いつのスケジュールを書けばいいかわからない場合は，普段の生活について書くよう伝える。朝起きてから今までどんなふうに過ごしたか，また，プログラムが終わってからどうする予定か，など。

6-1 6-2を参考にしながら，ワークブック 226 ページに各自記入する。

仕事や通院などの予定がない日には，どんなふうに過ごしているのかをまとめる。

補足 日によって違うなどの意見が出れば，最近過ごした休日のスケジュールについて書くよう伝える。

ワークブック 226 ページ

7 スケジュールを守るための工夫

7分

➡ファシリテーターから説明する（3分）

ワークブック 227 ページ

ファシリテーターがワークブック 227 ページを読んで説明する。メンバーに読み上げてもらってもよい。

補足　スケジュール通りに生活できないことも多いことが前提となる。

「スケジュール通りにできない時もあるかもしれませんが，自分を責めたり，深く悩んだりする必要はありません。『どうしてうまくいかなかったんだろう』と，次の時にどうしたらよいかを考えることが大切です。無理なスケジュールになっていたか，あるいは，『ちょっとくらい守れなくてもいいや』といった『最小化』の考え方のクセが出ていないか，などを振り返ってみるのもよいですね」

補足　スケジュールの振り返りや見直しは，メンバーが一人で行うことは難しいかもしれないため，スタッフに相談するのもよいことを伝える。

「また，スケジュール通りに過ごせなかった時は，サポートしてくれる身近なスタッフに相談しながら，生活の振り返りやスケジュールの見直しができるとよいですね」

➡工夫や対応策を考え，共有する（4分）

余った時間を使って，他にどんな工夫や対応策があるかみんなで考え，共有する。

共有内容はメモに書いておく。

まとめ 10分

❀セッションのまとめ
4分
➡第17回のポイントを押さえる

（ワークブック228ページ）

ワークブック228ページのまとめを読み上げる。ファシリテーターとサブファシリテーターが自分の言葉に変えて説明する方が理解しやすい。

補足 ①必要に応じて，該当するワークブックのページを見直してもよい。

②スケジュールがうまくいかなかった時に，相談できる人を具体的に挙げておくと，より相談しやすいと思われるため，何人か挙げておくとよい。

ホームワーク⑰ 5分
➡「実行できたスジュール」の説明

（ワークブック229ページ）

立てたスケジュールの内容をいくつか選んで，毎日／規則正しく実行できたことには○，何日か／何回かできたことには△を書き入れるよう説明する。

生活リズムを意識して生活してみた感想も書くよう伝える。忘れてしまったり，スケジュール通りにできなかったとしても誰も責めたりしないこと，慣れるのに時間がかかって当然であることを伝え，正直に書くように促す。

第17回

次回の予定（プログラム実施日時）の確認 1分

次回のプログラム実施日時を伝え，メンバーが理解していることを確認する。この際，下記のようにいくつかの大切なルールについては注意喚起を行うとよい。

16ページ下方の吹き出し内を参照

第 **18** 回

グッドライブズモデル

目的

・メンバーや自分の良いところを知る
・サポートしてくれる人を整理しておく

内容

❶第 17 回の振り返り：これまでの内容と対処法の復習，生活スケジュールとスケジュールを守る工夫
❷前向きな人生
❸自分をサポートしてくれる人々

準備するもの

・メンバーのよいところを記入するシール（宛名シールなどを利用してもよい）

1週間の振り返り

➡前回のセッションから
の1週間にあった出来事
をメンバー一人ひとり
が発表する

➡一人当たり1〜2分
程度で発表する

➡あるいは，最初に1分
程度，どんなことを話
すか考える時間を作っ
てもよいが，その場合
にも，振り返りが10
分で終了できるように
時間配分に注意する

「それでは，前回も説明しましたように，
この1週間にどんなことがあったか聞かせて
ください」

　例として，ファシリテーターが最初に発表す
る。ファシリテーターは，毎回，メンバーの発
表を聞きながら，各メンバーの行動傾向や変化
などを把握していく。

補足

①順番は希望者からでもよいが，全員が話せ
るように，順に当てる形式でもよい。

②すぐに発表できる人から発表してもらい，
その間に，他の人にも考えてもらう。

③どのように話したらよいか戸惑っているメ
ンバーには，ワークブック5ページを参考
にできることを伝える。

④誰からも手が挙がらなかった場合には，
ファシリテーターがサブファシリテーター
を指名して，見本を見せる。

⑤考えてこなかったなど，発表できないメン
バーがいても，ホームワークではないため
強制はしない（但し，3回以上連続でまっ
たく考えてこなかった場合には，セッショ
ン終了後，モチベーションを高める働きか
けを行う）。

⑥プライベートなことを話してしまう人に
は，サブファシリテーターが適宜声掛けを
する。

248

復習

12分

➡ワークブック9ページのルールを確認する

➡前回学んだ内容については，補足に記載されているページについて，ファシリテーターが読み上げながら確認する

※適宜，必要なところで「ホームワークの確認」をしても構いません

　ファシリテーターが説明をすることが中心になるが，まとめのページは，メンバーが文章を読み上げるなど，相互のやり取りをしながら進める。（19ページの注を参照）

補足　「性犯罪を起こさないためにできること・性犯罪をしないためにできることリスト」218，219ページ
「性犯罪に結びつきやすい生活②」221ページ
「スケジュールを守るための工夫」227ページ
「第17回のまとめ」228ページ
の内容は必ず復習する。

ホームワークの確認

12分

ホームワークの確認

➡ホームワーク⑰の内容を発表し，共有する

　規則正しくできたこと（○のついている内容）をメンバーに発表してもらう。併せて，規則正しい生活をしてみてどうだったか，何か違いはあったかなどの感想も共有する。

補足　①もし○が1つもないメンバーがいれば，取り組み自体を評価し，めげずにこれからも続けるよう促す。内容を見て，家族や支援者の方に手助けしてもらえそうなことがあれば，一緒に考えてみてもよい。

②△のついたスケジュールの項目について発表してもよいというメンバーがいれば，発表してもらう。この際，できなかったこと

第
18
回

249

についても発表してくれたことへの感謝を伝え、「できなかった」ことにフォーカスしすぎないように留意する。うまくできなかった理由について考える時間があるとよいが、ない場合は、ファシリテーターの考えを伝えたり、サブファシリテーターに意見を求めるなどしてから、身近なサポートスタッフと相談するように伝える。

「自分ができなかったことを他の人に言うのは勇気のいることです。発表してくれてありがとうございます。○○（できなかったスケジュールの内容）は、どんなところが難しかったのでしょうか」

「『朝、決まった時間に起きる』ができない時は、私だったら、目覚まし時計を2つセットしたりするかもしれません。○○さん（サブファシリテーター）はどうしますか？」

「対応策などを考えたり、無理のないスケジュールかを見直したり、身近なスタッフに相談してみてください」

【想定される内容】
・ごはんを3食しっかり食べる（朝ごはんを抜かない）
・作業所に行く時は、いつも決まった時間に家を出る
・インターネットをするのは1日2時間まで
・○時になったら晩ごはんの手伝いをする　など

導入

1分

第18回の目的の確認
・メンバーや自分の良いところを知る
・サポートしてくれる人を整理しておく

　ファシリテーターから第18回の目的と内容を簡単に説明する。表紙（230ページ）と構成表（タイムスケジュール・231ページ）に簡単に目を通してもらうとよい。

ワーク①   45分

I. 前向きな人生

❶グッドライブズ
モデルとは **2分**

➡ファシリテーターから
説明する

ワークブック 232 ページ

❷メンバーの
良いところ **10分**

➡それぞれのメンバーに
ついて良いところを
考えて各自記入する

※最後にファシリテーター
からもメンバー全員の良
いところを発表するた
め，事前に考えておく

ワークブック 233 ページ

ファシリテーターがワークブック 232 ページ
を読みながら説明する。

補足　　グッドライブズモデルとは，再犯の危険性
を重視するのではなく，それぞれの長所を伸
ばすことによって，再犯防止を標榜する考え
方のこと。

ワークブック 233 ページに沿って進める。

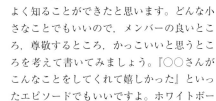

「みなさんはこれまで，17 回のセッション
を一緒に勉強してきました。これまでのセッ
ションを通して，みなさんはお互いのことを
よく知ることができたと思います。どんな小
さなことでもいいので，メンバーの良いとこ
ろ，尊敬するところ，かっこいいと思うとこ
ろを考えて書いてみましょう。『○○さんが
こんなことをしてくれて嬉しかった』といっ
たエピソードでもいいですよ。ホワイトボー
ドに書いてある順番に，ワークの名前の欄に
メンバーの名前を書き写して，それぞれの良
いところを書いていきましょう」

ファシリテーターが上記説明をしている間に
サブファシリテーターはホワイトボードにメン
バーの名前をあいうえお順に書き出す。

第**18**回

メンバーにしてもらって嬉しかったことや，感謝したこと，尊敬したことなど，どんな些細なことでもよいので，全員分書くこと，悪いところや直して欲しいところがあったとしても，ここでは触れずに，良いところだけを書くように伝える。

「書いてもらった良いところは，この後発表してもらいます。もしかしたら，良いところだけではなく，こういうところを直してほしいな，とか，こういうところはちょっといやだな，と思うことも出てくるかもしれませんが，今回は良いところだけを書くようにしましょう」

補足 ①なかなか記入できないメンバーや，悪いところ・直してほしいところのみを記入しているメンバーには，「○○さんに助けてもらったことは？」「いいなと思ったことは？」など適宜声を掛けながら，ファシリテーターやサブファシリテーターが援助する。

②サブファシリテーターは巡回し，悪いところが書いてあるなど不適切な内容がないか事前にチェックしておく。もし良いところと悪いところ両方について書いてある場合は，「○○と思うんですね」と悪いところについても共感したうえで，「今回は良いところだけを発表しましょうね」と伝えておく。

3 わたしの
　良いところ **15**分
➡一人ずつ，メンバーの

ワークブック 234，235 ページに沿って進める。

一人ずつ全員分の良いところを発表してもら

良いところを全員分
発表する（10分）

（ワークブック 234,235 ページ）

→サブファシリテーター
から配られたシールを
貼る（1分）

う。全員の発表が終わったら，ファシリテーターからもメンバー全員の良いところを発表する。

補足

①積極的に発表してくれるメンバーがいれば，そのメンバーから始める。一人目の発表者がなかなか決まらないようなら，「恥ずかしい部分もあるかもしれませんが，みなさんに発表してもらうので○○さんから順番に発表してみませんか」と指名してもよい。

②メンバーが良いところ以外を発表してしまった場合には，「○○というところもあるかもしれませんが，○○さんにしてもらって嬉しかったことや，すごいなと思ったエピソードはありますか？」など，良い点を考えて話してもらえるよう促す。時間がかかりそうであれば，しばらく考えてもらい，全員の発表が終わってからの発表でもよい。どうしても出てこないようであれば，ファシリテーターが代わりに「私は，○○さんのこういうところが素敵だなと思います」など，良いところを話す。

サブファシリテーターは，発表を聞きながらメンバーの良いところをシールに書き込む。発表が終わったら，シールをそれぞれのメンバーに配り，235ページへ自由に貼るように伝える。それぞれのメンバーには，本人（自分）以外のメンバーの人数分だけのシールが配られることになる。（例：全メンバーが5人の場合には，各メンバーに4枚ずつのシールが配られる）

時間が余ったら，自分の良いところを教えて

第**18**回

もらってどう思ったか感想を尋ねてもよい。

共有は行わないので，恥ずかしがらずに自分のすごいところ，良いところだと思うことをそのまま書くよう伝える。

ファシリテーターは巡回し，書いてある内容について，「そうですね」「それは○○さんの素敵なところですね」など全員にコメントをする。

> ➡全員の発表が終わったら，自分で自分のいいところを記入する（4分）

休憩 10分

休憩

休憩に入る直前に，後半が○時○分から始まる，と明確に伝える。

ワーク①続き

4 今のわたしの生活

8分

➡ファシリテーターが説明し，各自プリントに回答する

ワークブック 236 ページ

ファシリテーターはワークブック 236 ページを読んで説明する。

メンバーにはワークブック 244，245 ページの幸福感尺度に回答してもらう。

事件を起こした頃と比べて，今の生活は幸せであることや，日々の生活をうまくこなせていることを自覚し，再犯防止への動機づけを高めることを目的としている。

補足 ①ファシリテーターとサブファシリテーターは，メンバーが回答しているところを見ながら，回答に困っている様子があれば，適宜，文章の意味などをかみ砕いて伝える。

ワークブック 244,245 ページ

②選択肢は，左の選択肢ほど幸福度が高い回答になっている。合計点を出して他のメンバーと比べる必要はない。ファシリテーターは，巡回しながらメンバーの回答を見て，左の選択肢に○のついている項目について，「○○さんは，この2，3年はとても幸せなんですね」「毎日楽しんで過ごせているんですね」など，ポジティブな内容の声掛けを行う。

> 「みなさん，どこに○がついたでしょうか。『とてもそう思う』というところに○がついたり，『まぁまぁ』だったり，『まったくそう思わない』というところに○をつけたところもあったかもしれません。今の生活で幸せだなぁと思える部分はそのままの状態でいられるように，今は満足できていないところは，これからもっと良くなっていくように，自分の生活を見つめていってください」

5 これからのわたしの人生・わたしの夢 10分

→各自記入する（7分）

ワークブック 237 ページ

ファシリテーターはワークブック237ページを読み，「絵でも文章でもいいので，自由に書いてみましょう」と説明する。

前向きな人生を想像することで，再犯防止のモチベーションを上げ，前向きな生活を送っていけるように促す。

補足 なかなか記入ができないメンバーには，そのメンバーの趣味などを絡めてアドバイスができるとよい（例：車が好きなメンバー→好きな車を買う，など）。

→簡単に共有する（3分）

まとめとして次の台詞のように伝える。

第**18**回

「今，みなさんに発表してもらった夢や目標のためには，人を傷つけたりせずに生活することがとても大切です。第13回で学んだ犯罪への黄色信号に気がついた時には，この夢や目標を思い出すのもよいかもしれません」

ワーク②

20分

Ⅱ. 自分をサポートしてくれる人々 2分

6 困った時は？

➡ファシリテーターから説明する

ワークブック 238 ページ

7 わたしのサポーター 8分

➡最初にファシリテーターが説明し，各自記入する

ファシリテーターがワークブック 238 ページを読んで説明する。

「こういう時はどうすればいいのか」「どこに相談すればいいのか」などの質問があれば，その都度遠慮なく聞いてほしいと伝えておく。もし恥ずかしければ，セッション終了後に聞きに来たり，支援者に尋ねても構わないことも併せて伝える。

補足 ワークブックに載っている以外にも，行政ごとのサービスなどがあれば，必要に応じてファシリテーターが追加してよい。

各自ワークブック 239 ページに沿って進める。

寮のスタッフのほかにも，家族や友達，役所の人，グループホームや施設の人，職場の人，病院のスタッフなど，自分のことを助けてくれる，力になってくれる人の名前と連絡先を書くように伝える。連絡先がすぐにわからない場合は，エスコートスタッフに確認したり，後で記入してもよい。

ワークブック 239 ページ

「みなさんには，サポートしてくれる人が
たくさんいます。例えば，寮のスタッフは，
いつでも会えるので，毎日の生活の中で
ちょっと困った，という時にすぐに相談でき
ますね。職場の人は，何人もいるかもしれま
せんが，仕事で間違ってしまった時はこの人，
お休みする時はこの人，のように書いてもよ
いです」

　困った時にはこの表を見て，「自分には助け
てくれる人がいるんだ」と気持ちを落ち着かせ
たり，誰かに連絡するように役立ててほしいと
説明する。

　ファシリテーターはワークブック 240 ページ
を読んで説明する。

　サポーター（支援者）の人に自己紹介をする
ようなつもりで書くように伝える。

8 サポーターに伝え ておきたいこと

10分

➡各自記入する（7分）

ワークブック 240 ページ

補足 ①記入が難しいようであれば，「一人ででき
るか不安なことはある？」「落ち着かない
気持ちになった時に，してほしいこと，し
ないでほしいことは？」「どんなことをさ
れるとイライラする？」など，ファシリ
テーターがかみ砕いて質問をするとよい。

②必要に応じて，エスコートスタッフと一緒
に記入してもよい。

➡時間があれば共有する
（3分）

第 **18** 回

　記入した内容を全員に発表してもらう。メン
バーの発表を聞いて，思いつかなかった内容や，
いいなと思うものがあればメモしておくよう伝
える。

10分

ワークブック 241 ページのまとめを読み上げる。ファシリテーターとサブファシリテーターが自分の言葉に変えて説明する方が理解しやすい。

補足　必要に応じて，該当するワークブックのページを見直してもよい。

次回のセッションまでの間，毎日良いことを2つずつメモしておくよう伝える。

「いつもの生活よりも『良いことないかな』と，積極的に良いこと探しをしながら過ごしてみてください」

次回のプログラム実施日時を伝え，メンバーが理解していることを確認する。この際，下記のようにいくつかの大切なルールについては注意喚起を行うとよい。

16ページ下方の吹き出し内を参照

第 **19** 回

プログラムのまとめ
①

目的

・ これまで学んできたことの振り返り
・ 自分のルールを作って，前向きな人生を送る

内容

❶第18回の振り返り：前向きな人生，自分をサポートしてくれる人々
❷プログラムのまとめ①
❸プログラムのまとめ②
❹プログラムのまとめ③

準備するもの

・以下のワークブックのページのコピー（メンバー本人が参照する用）
　・第16回**5**わたしの再犯防止計画
　・第17回**2**性犯罪をおこさないためにできることリスト
　・第17回**7**スケジュールを守るための工夫

振り返り

1 週間の振り返り

→前回のセッションから
の1週間にあった出来事
をメンバー一人ひとり
が発表する

→一人当たり1〜2分
程度で発表する

→あるいは，最初に1分
程度，どんなことを話
すか考える時間を作っ
てもよいが，その場合
にも，振り返りが10
分で終了できるように
時間配分に注意する

 「それでは，前回も説明しましたように，この1週間にどんなことがあったか聞かせてください」

例として，ファシリテーターが最初に発表する。ファシリテーターは，毎回，メンバーの発表を聞きながら，各メンバーの行動傾向や変化などを把握していく。

補足 ①順番は希望者からでもよいが，全員が話せるように，順に当てる形式でもよい。

②すぐに発表できる人から発表してもらい，その間に，他の人にも考えてもらう。

③どのように話したらよいか戸惑っているメンバーには，ワークブック5ページを参考にできることを伝える。

④誰からも手が挙がらなかった場合には，ファシリテーターがサブファシリテーターを指名して，見本を見せる。

⑤考えてこなかったなど，発表できないメンバーがいても，ホームワークではないため強制はしない（但し，3回以上連続でまったく考えてこなかった場合には，セッション終了後，モチベーションを高める働きかけを行う）。

⑥プライベートなことを話してしまう人には，サブファシリテーターが適宜声掛けをする。

復習

第18回の振り返り
➡ワークブック9ページ
のルールを確認する
➡前回学んだ内容につい
ては，補足に記載され
ているページについ
て，ファシリテーター
が読み上げながら確認
する
※適宜，必要なところで
「ホームワークの確認」
をしても構いません

　ファシリテーターが説明をすることが中心に
なるが，まとめのページは，メンバーが文章を
読み上げるなど，相互のやり取りをしながら進
める。（19ページの注を参照）

補足 「わたしの良いところ」234，235ページ
「これからのわたしの人生・わたしの夢」
（237ページ）
「困った時は？」238ページ
「わたしのサポーター」239ページ
「第18回のまとめ」241ページ
の内容は必ず復習する。

ホームワークの確認

12分

ホームワークの確認
➡ホームワーク⑱の内容
を発表し，共有する

　意識して生活していれば，毎日小さな良いこ
とがたくさんあるということを実感できるとよ
い。日頃から些細なことで喜びを感じられれば，
毎日を楽しくおだやかに過ごせるようになると
説明する。内容を共有することで，自分では見
落としていたような些細なことも，他の人に
とったら良いことなんだと気づくきっかけにす
る。

【想定される内容】
・仕事でうまくいった
・失くしたと思っていたものが見つかった

・お給料をもらった
・欲しかったものを買うことができた
・作業所で褒められた　など

導入

第19回の目的の確認

・これまで学んできたことの振り返り
・自分のルールを作って，前向きな人生を送る

ファシリテーターから第19回の目的と内容を簡単に説明する。表紙（246ページ）と構成表（タイムスケジュール・247ページ）に簡単に目を通してもらうとよい。

ワーク①

I. プログラムのまとめ①②

■このプログラムのまとめ①　4分

➡第1回から第4回までのセッションを振り返る

（ワークブック 248 ページ）

これまで学んできた内容を簡単に復習する。ファシリテーターがワークブック248ページを読んで説明する。

248ページを見ながら各セッションの大まかな内容をファシリテーターから説明する。なお，各セッションのメイントピックや重要な点（例えば，第1回では，「プログラムに参加する理由」など）や，難しかったトピックなどを，ファシリテーターが補足・説明してもよい（但し，セッション全体の時間が超過しないように，時間配分には留意する）。

ファシリテーターとサブファシリテーターは，どこを重点的に取り上げるかなどをプログ

ラム前に打ち合わせておくとよい。

> 「第1回では『プログラムを受けるみなさんへ』というテーマで，自己紹介をしたり，みなさんがこのプログラムに参加する理由を考えたり，このプログラムの中で気持ち良く過ごすためのルールを決めました。今回を含めて，19回，みなさんはプログラムに参加してきましたが，このグループにみなさんが参加しているのは『性犯罪を起こしたり，誰かを傷つけるようなことをしないため』でしたね」

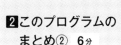

> 「第2回では『こころとからだの成長と性の健康』として，からだの器官の名前や働き，大人になるにつれての変化，妊娠と避妊，性感染症，安全な性行為と危険な性行為などについて勉強しました」

第3回以降も同様に，各セッションの内容について，どんな内容を扱っていたのか，ファシリテーターが簡単におさらいする。

2 このプログラムの まとめ② 6分

➡第5回から第10回 までのセッションを 振り返る

ワークブック 249,250 ページ

ワークブック 249，250 ページを見ながら各セッションの大まかな内容をファシリテーターから説明する。

248 ページの第1回～第4回のセッションと同様に，どのような内容を扱っていたのか，ファシリテーターが押さえておく。難しかったトピックなどを，ファシリテーターが補足・説明してもよい（但し，セッション全体の時間が超過しないように，時間配分には留意する）。

補足 第8～9回の考え方のクセと認知の歪み
は，重要な点を抜粋して説明できるとよい。

3 違法な性行動を行わないためには 6分

（ワークブック 251 ページ）

ワークブック 251 ページに沿って進める。

ワークブックの第5回 **5**「より良い生活を続けるために」（68 ページ）を見直して，違法な性行動を行わないためにできること，気をつけることについて記入する。

補足 ワークブックを振り返って同じ内容を書いても，新しく考えたことを記入しても，どちらでも構わない。

4 自分の考え方のクセ 8分

➡第8回の内容を基に記入する

（ワークブック 252 ページ）

ワークブック 252 ページに沿って進める。

第8回の「わたしの考え方のクセ」プリントを見直して，自分の考え方のクセととらえ方（認知）の歪みについて復習する。

ページ下段の5種類のとらえ方（認知）の歪みについては，「わたしの考え方のクセ」プリントの中で，どのとらえ方（認知）の歪みに該当するかを考えたため，それを参考にする。

「否認や最小化という考え方のクセは，性犯罪に限らず，普段の生活のみなさんの行動にも影響しているものです。否認や最小化も，性犯罪に関連した5種類のとらえ方（認知）の歪みも，自分がどういう考えを持ちやすいのかを知っていることで，相手のことを考えたり，思いやりのある行動をするために役に立つものです。普段の生活の中でも，こうした考え方のクセが出ていないか，気をつけながら過ごすのもよいかもしれません」

264

休憩　　　　　　　　休憩に入る直前に，後半が○時○分から始ま
る，と明確に伝える。

ワーク② 41分

**Ⅱ. プログラムの
まとめ③**

**5 このプログラムの
まとめ③ 4分**

**➡第11回から第18回
までのセッションを
振り返る**

ワークブック 253,254ページ

253，254ページを見ながら，各セッションの
大まかな内容をファシリテーターから説明する。

補足　　第11～13回の思考・感情・行動モデル，
　　　　第15～16回のリラプスプリベンションは，
　　　　重要な点を抜粋して説明できるとよい。

以降の255～258ページでは，復習用のト
ピックをページごとにまとめてある。各セッ
ションで扱ったり，メンバーに考えてもらった
内容を振り返ってまとめるページとなってお
り，どのページを参考にするかについてもワー
クブック内に記載してある（例：第13回「犯
罪への黄色信号②」「犯罪への黄色信号の対処
法②」など）。

第16回 5 「わたしの再犯防止計画」と第17
回 2 「性犯罪を起こさないためにできることリ
スト」 7 「スケジュールを守るための工夫」の
ページは，ワークブックに改めて転記してもら
うため，あらかじめコピーを準備しておく。

第
19
回

⑥犯罪への黄色信号

6分

ワークブック 255 ページ

ワークブック 255 ページに沿って進める。

第 13 回 **2-2** 犯罪への黄色信号②」**3-2**「犯罪への黄色信号の対処法②」を見直して記入する。

補足　ワークブックを振り返って同じ内容を書いても，新しく考えたことを記入しても，どちらでも構わない。

⑦再犯防止計画 **10分**

➡第 16 回の内容を基に
記入する

ワークブック 256 ページ

ワークブック 256 ページに沿って進める。

あらかじめ，第 16 回**5**「わたしの再犯防止計画」のページのコピーを準備しておく。

第 16 回**5**「わたしの再犯防止計画」を見直しながら，問題を起こさないための計画をもう一度見直す。

補足　①第 16 回**5**「わたしの再犯防止計画」で書いた内容に加え，他にも思いついた行動があれば，記入してもよい。

②第 16 回**4-2**「問題を起こさないための対処法・計画」「ホームワーク⑯」の支援者からのアドバイスも参考にできる。

⑧普段から実践できる
こと **15分**

➡第 17 回の内容を基に
記入する

ワークブック 257 ページに沿って進める。

あらかじめ，第 17 回**2**「性犯罪を起こさないためにできることリスト」と**7**「スケジュールを守るための工夫」のページは，ワークブックに改めて転記してもらうため，あらかじめコピーを準備しておく。

ワークブック 257 ページ

第 17 回**2**「性犯罪を起こさないためにできることリスト」を見直しながら，ページ上段「毎日の生活でできること」を記入する。普段から実践できそうなこと，または実践していることや，犯罪への 4 段階に陥った時に限らず，イライラした時や気持ちが落ち着かない時などに実践することを書いてもよい。

ページ下段は，**7**「スケジュールを守るための工夫」のページを参考に，スケジュールを守るための工夫やスケジュールが守れなかった時の対応策について，自分なりにできそうなこと，既に実践していることをまとめておく。

9 わたしの
良いところ・
わたしの人生 6分

➡第 18 回の内容を基に
記入する

ワークブック 258 ページ

ワークブック 258 ページに沿って進める。

第 18 回**3**「わたしの良いところ」のページを見直して，メンバーが教えてくれた自分の良いところをもう一度書き出す。

「自分の良いところは，自分ではなかなか気づけないものです。でも，このプログラムに参加して，みなさんはメンバーから自分の良いところを教えてもらいました。こうした自分の良いところを大切にしたり，周りの人の良いところを見つけたりすることで，周りの人との関係がもっと良いものになるかもしれませんね」

第 18 回**5**「これからのわたしの人生・わたしの夢」のページを見直して，「これからのわたしの人生・わたしの夢」をもう一度書き出す。

第 **19** 回

「これからの生活に目標や夢を持つことによって，規則正しい生活，充実した生活を送ることができるようになりますね。こんなところへ行ってみたい，こんなことをしてみたい，こんなことができるようになりたいといった気持ちから，具体的な夢や目標を立てて生活ができるようになれば，良い生活につながっていく可能性がありますね」

「これまでに勉強してきたことは，みなさんがこれから楽しい生活を送るために，とても大切なことです。もし少しでも忘れてしまっている内容があれば，自分でそのセッションを見直して，復習しておきましょう」

「プログラムが終わってからも，定期的にワークブックを見直して，勉強した内容を忘れないようにしてくださいね」

まとめ

10分

❀セッションのまとめ
7分
➡プログラムに参加した感想を発表，共有する
➡最初に1分程度，どんなことを話すか考える時間を作ってもよいが，その場合でも感想の発表が7分で終了できるように時間配分に注意する

ホームワーク⑲ **2分**
➡「プログラムの中でよくわかっているところと難しいところ」の説明

第1回〜第19回までのプログラムを通しての感想を発表してもらう。

補足　①順番は希望者からでもよいが，全員が話せるように順に当てる形式でもよい。
　　　②すぐに発表できる人から発表してもらい，その間に他の方にも考えてもらう。

第1回から18回までの振り返りを通して，メンバーが「しっかり理解できている，実践できている内容・セッション」と「難しい，復習が必要な内容・セッション」について，エス

コートスタッフをはじめ，サポートしているスタッフと一緒に書き出すように説明する。

この時，「難しい，復習が必要な内容」については，できていないことに注目するのではなく，「実践するための工夫や，より深い理解につなげるために必要な振り返り」として，前向きな確認であることを強調する。

ワークブック 259 ページ

次回の予定
（プログラム実施日時）
の確認 1分

次回のプログラム実施日時を伝え，メンバーが理解していることを確認する。この際，下記のようにいくつかの大切なルールについては注意喚起を行うとよい。

16 ページ下方の吹き出し内を参照

第**19**回

269

第 **20** 回

プログラムのまとめ
②

目的

- これまで学んだことを振り返る
- 自分のルールを作って，前向きな人生を送る

内容

❶ 第 19 回の振り返り：プログラムのまとめ①②③
❷ プログラムを通して変わったこと
❸ これからの人生に向けて
❹ プログラムの感想

準備するもの

・修了証（メンバーの人数分）

振り返り

1週間の振り返り

➡前回のセッションから
の1週間にあった出来事
をメンバー一人ひとり
が発表する

➡一人当たり1～2分
程度で発表する

➡あるいは、最初に1分
程度、どんなことを話
すか考える時間を作っ
てもよいが、その場合
にも、振り返りが10
分で終了できるように
時間配分に注意する

「それでは、前回も説明しましたように、
この1週間にどんなことがあったか聞かせて
ください」

　例として、ファシリテーターが最初に発表す
る。ファシリテーターは、毎回、メンバーの発
表を聞きながら、各メンバーの行動傾向や変化
などを把握していく。

補足　①順番は希望者からでもよいが、全員が話せ
　　　るように、順に当てる形式でもよい。

②すぐに発表できる人から発表してもらい、
その間に、他の人にも考えてもらう。

③どのように話したらよいか戸惑っているメ
ンバーには、ワークブック5ページを参考
にできることを伝える。

④誰からも手が挙がらなかった場合には、
ファシリテーターがサブファシリテーター
を指名して、見本を見せる。

⑤考えてこなかったなど、発表できないメン
バーがいても、ホームワークではないため
強制はしない（但し、3回以上連続でまっ
たく考えてこなかった場合には、セッショ
ン終了後、モチベーションを高める働きか
けを行う）。

⑥プライベートなことを話してしまう人に
は、サブファシリテーターが適宜声掛けを
する。

第19回の振り返り
➡ワークブック9ページのルールを確認する
➡前回学んだ内容については，補足に記載されているページについて，ファシリテーターが読み上げながら確認する

　ファシリテーターが説明をすることが中心になるが，まとめのページは，メンバーが文章を読み上げるなど，相互のやり取りをしながら進める。（19ページの注を参照）

補足　「違法な性行動を行わないためには」251ページ
「自分の考え方のクセ」252ページ
「犯罪への黄色信号」255ページ
「再犯防止計画」256ページ
「普段から実践できること」257ページ
の内容は必ず復習するが，メンバー毎に記載の内容は異なるため，「『違法な性行動を行わないためには』のページでは，違法な性行動をしないために気をつけたらよいことや，犯罪への黄色信号について振り返りましたね。毎日の生活の中で，こうした黄色信号に注意できていますか？」といったコメントをしながら，19回の振り返りを全体的に見直す時間にする。

ホームワークの確認
➡ホームワーク⑲の内容を発表し，共有する

　「しっかり理解できている，実践できている内容・セッション」と「難しい，復習が必要な内容・セッション」には，メンバーごとに得手不得手が出てくると思われるため，あるメンバーが「難しい，復習が必要な内容」として挙げられた内容について，「しっかり理解できて

いる」と発表した別のメンバーがいれば，工夫できている点などをメンバー同士で共有できるとよい。

メンバー同士で工夫点などが見つからない場合や，ABC モデル・4 段階モデルなどの復習については，第 20 回のセッションの中で振り返りにつなげる。

【想定される内容】
■よくわかっている，うまく取り組めているところ
・スケジュール通りに生活できる日が多い
・犯罪への黄色信号に気づく
・対処法を使えている
■難しい，復習したいと思ったところ
・ABC モデルや 4 段階モデルが難しい　など

導入

1分

第 20 回の目的の確認
・これまで学んだことを振り返る
・自分のルールを作って，前向きな人生を送る

ファシリテーターから第 20 回の目的と内容を簡単に説明する。表紙（260 ページ）と構成表（タイムスケジュール・261 ページ）に簡単に目を通してもらうとよい。

ワーク①

25分

I. プログラムを通して変わったこと

1 新しい自分・これからの自分 25分

➡各自でチェックリストに記入する（8分）

ワークブック 262,263 ページ

ワークブック 262, 263 ページに沿って進める。

これまでのプログラムを通して，良い方向に変化したことや，身についたことについて考えることで内省を促し，これからの生活への自信を高める目的がある。

補足 ①各メンバーそれぞれのペースでチェックをつけてもよいが，ファシリテーターが１つずつ項目を読み上げ，グループ全体で同時に進めてもよい。

②チェックをつけるか迷うものがあればチェックはつけないで，自信を持ってチェックできる項目にだけチェックをつけるよう伝える。この時，チェックがつけられないことが悪いことではないということを強調して伝える。

> 「チェックをつけるか迷うものがあっても大丈夫です。チェックがつけられないからダメ，というものではありません。自信を持ってチェックできるものにチェックしてください」

➡チェックのつかなかった部分について共有する（17分）

チェックリストへの記入が終わった段階で，ファシリテーターは「すべての項目にチェックがついた人はいますか？（挙手)」と質問する。

メンバー全員がすべての項目にチェックができていれば「みなさんが一生懸命取り組んでき

た証ですね」とメンバーを賞賛しながら，難し
いと思った内容・テーマがあるか尋ね，その
セッションについて振り返りを行う。

　一方で，すべてにチェックがつかなかった場
合は「みなさんはこの4カ月間，このリストに
あるようにたくさんのことを勉強してきまし
た。一度ですべてが『わかった！』とならない
のは当たり前のことです」と前置きしながら，
チェックのつかなかった項目について尋ねる。

補足 ①自分から発表してくれるメンバーがいれ
　　　ば，どの項目にチェックがつかなかったの
　　　か発表してもらう。

　　②一人ずつ順番に発表してもらう必要はない
　　　ため，「チェックをつけるか迷ったのは何
　　　番ですか？」などと問いかけるかたちで確
　　　認する。

　　③複数のメンバーがチェックをつけられな
　　　かった項目があれば，「みなさんで確認し
　　　てみましょう」とそのテーマを扱っている
　　　セッションについて，全員で振り返りをす
　　　るとよい。

　　④チェックのつけられなかった項目がグルー
　　　プ全体で多い場合は，ファシリテーターの
　　　判断で重要度の高い内容から振り返りをす
　　　る。

　最後に，ファシリテーターはワークブック
263ページ下の説明を読んで，すべてにチェッ
クがつけられるようになってほしいと説明す
る。

「これまでのプログラムでは，たくさんの
ことを学んできました。今も難しかったとこ
ろの振り返りをしましたが，チェックがつけ
られなかったところや，チェックをつけるか
迷ったところは，もう一度ワークブックを見
直して，どんな内容だったのか，そのセッ
ションで，みなさんそれぞれがどんなことを
考えたのかを振り返ることが大切です。こう
した振り返りをしながら，自信を持って，す
べてにチェックがつけられるようになるとよ
いですね」

　具体的に，どのページを振り返ったらよいの
かを確認しておきたい場合は，セッションの後
にファシリテーターやサブファシリテーターに
尋ねるとよいと伝える。

休憩 10分

休憩　　　　　　　休憩に入る直前に，後半が○時○分から始ま
る，と明確に伝える。

ワーク② 25分

**Ⅱ. これからの人生に
　向けて
❷自分を支えてくれ
　る人への約束と目
　標** 25分

ワークブック 264 ページに各自記入する。
　ここまでに振り返った内容をふまえて，これ
から生活していくうえで大切な自分なりの約束
と目標・希望を考える。

➡各自記入する（10分）

ワークブック 264 ページ

考え方のクセや犯罪への黄色信号，対処法など，自分だけの内容を盛り込むとなおよい。

補足　記入が難しそうなメンバーがいれば，適宜声掛けを行う。生活面（規則正しい生活をする）や再犯防止（犯罪への黄色信号に気づいた時に○○をする）など，テーマの枠組みを伝えてもよい。

➡共有する（15分）

書けたら一人一つずつ発表する。発表を聞いているメンバーやファシリテーターは，適宜コメントをする。

発表が終わったら，ファシリテーターは約束や目標を立てられたことを賞賛しながら，プログラムが終わってからも，このページを時々見直して忘れないようにしてほしいことを伝える。

※支援者が同伴していない場合は，最後のホームワークとして，必ず支援者のサインをもらうよう伝える。

ワーク③

15分

Ⅲ. プログラムの感想
3プログラムに参加した感想 **15分**
➡このプログラムに参加した感想などを話し合う

再犯防止への動機づけや，今後の生活への自信につながるため，「こんなことが良い方向に変わった」「こんなことがわかった」「こんなことができるようになった」など，前向きな内容が出るとよい。

一方で，これからの生活について不安や心配

ワークブック 265 ページ

なことがあれば，この場で共有して解決策や対応策を考えるなど，全員が前向きな気持ちでプログラムを終わることができるように配慮する。

ファシリテーターは，不安や心配なことがあるのは当然であること，こまめにワークブックを見直したり，プログラムで学んだことを意識して過ごしていれば，大丈夫だということを伝える。

「みなさんプログラムを本当によく頑張りました。先ほども書いてもらいましたが，プログラムを受ける前のみなさんと今のみなさんでは，いろいろなことが変わりました。

まず，性についての正しい知識を学びましたね。そして，自分のことだけではなく，相手の気持ちを考えたり，自分の良くない考え方のクセに気づくこともできました。また，犯罪を起こさないように，自分なりの計画を立てたり，対処法を考えることもできました。これは，自信を持っていいことだと思います。

これからそれぞれの生活が待っています。きっとみなさんの中には，また良くないことをしてしまうのではないかといった不安や心配もあると思います。ですが，このプログラムで学んだことを忘れずに過ごしていれば，必ず前向きで幸せな生活が送れると思います。時にはつらいことや悲しいこともあるかもしれません。でも，そのたびにワークブックを見直したり，プログラムで仲間と過ごしたことを思い出せば，乗り越えられるはずです。

みなさんの周りにはサポーターがいます。少しでも困ったことがあれば，遠慮したり恥ずかしがらずに，相談しましょう」

修了証の授与　7分

ワークブック 267 ページ

ファシリテーターが一人ずつニックネームを呼んで前に出てきてもらい，修了証を授与する。

✿第 20 回のまとめ

3分

ワークブック 266 ページ

ファシリテータは，ワークブック 266 ページを読み上げ，プログラムを完了できたことについてメンバーを賞賛して，プログラムを閉じる。

資料

同意書／参加修了証

コピーしてご利用ください

治療プログラム参加に関する
説明と同意書

このプログラムを始める方へ

（　　　　　　　）グループ

　このグループは，これまでに性的な問題行動や犯罪を行った人がこれから，また同じ行動を起こさないように援助するために作られました。グループについて説明を受け，内容をよく理解して，参加するかどうかを決めてください。

1. 背景

性的な問題行動や犯罪の例として次のようなものがあります。
・子どもの「性器」にさわる
・公衆の場で，他者に「性器」を見せる
・誰かに性行為を強いる　など
　これらの行為は法律に違反するものですので，このような行為により逮捕される可能性があります。

　私達は，このような性犯罪を行わないように援助する治療グループを作り，次の内容を参加者全員で学んでいきます。

・からだについて
・さわってもよい人とさわってはいけない人
・あなたをトラブルに巻き込む可能性があるもの
・感情
・性犯罪を思いとどまらせる方法　など

2. グループの枠組み

・グループは毎週，(場所)＿＿＿＿＿＿＿＿＿＿で＿＿＿＿＿＿時から
　行います。
・グループは約＿＿＿＿カ月間です
・一つのグループに４〜８名が参加します。

3. グループへの参加の自由

・あなたはグループに必ず参加しなければならないわけではありません。

・グループをやめたいと思った時は，いつでもやめることができます。

・このグループに参加しても，今，受けている支援は続けられます。

4. グループに参加することのメリット・デメリット

■メリット

・新しい仲間や支援者に出会うことができます。

・グループでは，あなたが再び同じような問題を起こさないようにする
方法を一緒に考え，学ぶことができます。

■デメリット

・グループに参加した時に嫌なことが思い出されたり，気持ちが落ち着
かなくなったりすることがあるかもしれません。そのように感じた時
は，ファシリテーターやあなたの支援者に相談してください。

・グループはあなたの力になるように努力しますが，期待どおりにな
らないこともあります。

5. グループに参加して，期待されること

・グループが終わる頃には，あなたは，あなた自身が行った問題行動
（犯罪）の原因などについて，今よりもよりよく理解できるようになり
ます。

・原因がわかることであなたは，自分で問題に対処し，解決できるよう
になるかもしれません。

・さらに別の治療や援助が必要な場合は，他のグループに参加すること
もできます。

6. グループと守秘義務（プライバシーの保護）

・このグループには，「グループで聞いたこと・行ったことは，グループの外で話さないようにしましょう」というルールがあります。そのため，基本的には，グループで話したことが外部に漏れることはありません。

・はじめに，このグループについて，あなたを援助してくれている人を確認し，その人にあなたのグループ内での様子・変化を伝えられるようにします。

・これまでに明らかになっていなかった新しい犯罪について，あなたが話したり，あなたや他の誰かが危険にさらされるような場合は，その情報を保護者や関係者に伝えることがあります。

7. グループへの参加による不満や苦情がある場合

・あなたは（責任者やリーダー）＿＿＿＿＿＿＿＿＿＿＿＿＿に不満を言うことができます。

・苦情がある時は，友達や支援者に援助を求めることもできます。

8. 問い合わせ先

グループの責任者　　名前＿＿＿＿＿＿＿＿＿＿＿＿＿＿＿＿＿＿＿

　　　　　　　　　所属＿＿＿＿＿＿＿＿＿＿＿＿＿＿＿＿＿＿＿

　　　　　　　　　連絡先＿＿＿＿＿＿＿＿＿＿＿＿＿＿＿＿＿＿

グループ参加の同意書

（ 　　　　　　　　　　　 ）グループ

説明者の名前：_____

グループ責任者の名前：_____

内容をよく理解して，同意する項目のチェックボックスにチェックをしてください。同意しない項目については，×を書いてください。

- ☐ 説明の内容について理解しました。
- ☐ 私が聞きたいことはすべて質問しました。
- ☐ 私は必ず，（ 　　　　　 ）グループに参加しなければならないわけ
  ではないことを理解しました。
- ☐ 私は，いつでもグループをやめられることを理解しました。
- ☐ 私が参加するかどうかで，私が受けている他の支援には影響がない
  ことを理解しました。
- ☐ 私は，自分がグループに参加していることを，担当の支援者たちが
  知ることに同意します。（支援者全員ではありません）
- ☐ 私は，自分がグループに参加していることを，両親が知ることに
  同意します。
  （私が成人で，希望しない場合には，両親に知らせる必要はあり
  ません）
- ☐ 私は，自分がグループに参加していることを，私の主治医が知る
  ことに同意します。
- ☐ 私は，グループに参加することに同意します。

【参加者　署名】

氏名：_____

日付：_____ 年 _____ 月 _____ 日

【説明者　署名】

氏名：_____

日付：_____ 年 _____ 月 _____ 日

※担当の支援者は，あなたや他の人に危険があると判断した場合，関係者に報告する必要があります。このような状況になった場合に，私達が連絡できる人の名前と電話番号を書いてください。

氏名：_____

（この人は私の：_____）
（例：担当のケアマネージャー，寮の主任，親など）

電話番号：_____

治療プログラム参加に関する
アセント文書

このプログラムを始める方へ

プログラムについてわからないこと、
心配なことは何でも聞いてくださいね。

問い合わせ先

グループの責任者

名前 _____

所属 _____

連絡先 _____

1　このプログラムの目的

このプログラムは性的な問題行動でこまっている人のために

作られました。性的な問題行動とは次のようなことをさします。

- 相手の「性器」にさわる
- 家の外などで他の人に「性器」を見せる
- 誰かにむりやり性的なことをさせる　など

これはすべて
法律違反

性的な問題行動をしないために、
次のことを参加者全員で学んでいきます

- 大人のからだとこどものからだ
- さわってもよい人とさわってはいけない人
- 自分のきもちと相手のきもち
- じぶんの考えと行動のつながり
- 性的な問題行動をしない方法　　　など

2　グループの枠組み

- どこで＿＿＿＿＿　　いつ＿＿＿＿＿＿
- 期間　約　　か月
- 4〜8人のグループです。ひとりで行うこともあります。

3 グループへの参加

- 参加は自由です
- 途中でやめることもできます
- 今、受けている支援は続けられます

4 グループに参加するとよいこと・よくないこと

よいこと	よくないこと
・ 仲間との出会い ・ 助けてくれる人との出会い ・ 問題行動を起こさない方法 　　を一緒に考え、学べる	・ 嫌なことを思い出して 　　しまうかも ・ 気持ちが落ち着かなく 　　なるかも

5 グループが終わるころの自分

- あなたが行った問題行動の原因などがわかるようになる
- 問題行動を行わないように解決できるかもしれない
- こまったときに相談できる人をみつけられる
- 自分に自信がついて、他の人を大切にできるようになる

6 グループの守秘義務（プライバシーの保護）

- グループで行ったことは、グループの外では話さない

- というルールがあります

- グループで話したことが外の人に知られてしまう

  ことはありません

- あなたを助けてくれる人には、グループ内の様子を

  伝えていきます

- これまで知られていなかった性的な問題行動がわかったと

  きには、情報を保護者や関係者に伝えることがあります。

7 グループへの参加による不満や苦情がある場合

いつでもこまったことを相談できます

_____ さん

SPIRjTS 参加修了証
さん か しゆうりようしよう

参加者氏名
さんかしやしめい

_____殿
どの

あなたは,

「SPIRjTS (Sexual offender Preventive Intervention

and Re-integrative Treatment Scheme)

(   ) グループ」に参加し,
さん か

本プログラムを修了されたことを証明
ほん   しゆうりよう   しようめい

いたします。

修了日：_____年___月___日
しゆうりよう び   ねん   がつ   にち

※この修了証は，あなたがこのプログラムを最後まで
   しゆうりようしよう   さいご
   受けたことを証明するものです。お手元に保管してください。
   う   しようめい   てもと ほかん

謝　辞

　このSPIRiTSという治療プログラムは2017年から約7年間にわたり実行可能性および効果に関する検証を行い，試行錯誤を繰り返しながら改編を重ねて完成版に至りました。2017〜2019年の初期プログラムでは堀江まゆみ先生，平井威先生，照本麦子先生，内山登紀夫先生にもご助言いただきました。ここに改めて感謝申し上げます。

　また，本書の発刊にあたっては，星和書店の石澤雄司さん，校正を支えてくださった近藤達哉さん，林利香さんに心より御礼申し上げます。

　性犯罪は年齢，職種，社会階級を超え，すべての人に起こりうる身近な犯罪のひとつです。本ワークブックが犯罪予防に寄与し，新たな被害者を生まないための一助となりましたら幸いに存じます。

著者代表　安藤久美子

【参考文献】

・Alison Stickrod Gray, William D. Pithers：Relapse prevention with sexually aggressive adolescents and children：Expanding treatment and supervision. Guilfond Press, New York, 1993.

・David Finkelhor：Child sexual abuse：new theory and research. Free Press, New York, 1984.

・D. Richard Laws, Stephen M. Hudson, Tony Ward：Remarking relapse prevention with sex offender A Soursebook. Sage Publication, Los Angels, 2000.

・Edmund Jacobson：Progressive Relaxation：A Physiological & Clinical Investigation of Muscular States and Their Significance in Psychology and Medical Practice. University of Chicago Press, Chicago, 1938.

・伊藤修毅（編著）：イラスト版発達に遅れのある子どもと学ぶ性のはなし――子どもとマスターする性のしくみ・いのちの大切さ．合同出版，東京，2013.

・伊藤裕子，相良順子，池田政子ほか：主観的幸福感尺度の作成と信頼性・妥当性の検討．心理学研究，74（3）；276-281, 2003.

・Jenkins-Hall, K. D.：The decision matrix. In D. Richard Laws（Ed.）：Relapse Prevention with Sex Offenders（pp.159-166）. Guilford Press, New York, 1989.

・Joseph Wolpe：Psychotherapy by Reciprocal Inhibition. Stanford University Press, CA, 1958.

・クリシャン・ハンセン，ティモシー・カーン（著），本多隆司ほか（訳）：性問題行動のある知的障害者のための16ステップ――「フットプリント」心理教育ワークブック．明石書店，東京，2009.

・熊野宏昭：新世代の認知行動療法．日本評論社，東京，2012.

・熊野宏昭：実践！マインドフルネス――今この瞬間に気づき青空を感じるレッスン．サンガ，仙台，2016.

・Kurt M. Bumby：Assessing the cognitive distortions of child molesters and rapists：Development and validation of the MOLEST and RAPE Scales. Sexual Abuse：A Journal of Research and Treatment, 8；37-54, 1996.

・法務省：性犯罪者処遇プログラム研究会報告書；平成18年3月．http://www.moj.go.jp/content/000002036.pdf（2020年9月9日参照）

・法務省矯正局作成プログラム（JUMP）

・Howard E. Barbaree, William L. Marshall：The Juvenile Sex Offender, Second Edition. Guilford Press, New York, 2005.

・宮口幸治，川上ちひろ：性の問題行動をもつ子どものためのワークブック――発達障害・知的障害のある児童・青年の理解と支援．明石書店，東京，2015.

・Neil Sinclair, Sarah-Jane Booth, Glynis Murphy（著），安藤久美子（監訳）：性犯罪のリスクがある知的障害者向けの認知行動療法 治療マニュアル．2015.

・Neil Sinclair, Sarah-Jane Booth, Glynis Murphy（著），安藤久美子（監訳）：性犯罪のリスクがある知的障害者向けの認知行動療法 資料編．2016.

・Neil Sinclair, Sarah-Jane Booth, Glynis Murphy（著），安藤久美子（監訳）：性犯罪のリスクがある知的障害者向けの認知行動療法．厚生労働科学研究費補助金障害者対策総合研究事業，青年期・成人期発達障害の対応困難ケースへの危機介入と治療・支援に関する研究，2015.

・S. L. Broxholme, William R. Lindsay：Development and preliminary evaluation of a questionnaire on cognitions related to sex offending for use with individuals who have mild learning disabilities. Journal of Intellectual Disability Research 47（Pt 6）：472-82, 2003.

・スティーブン・C・ヘイズ，スペンサー・スミス（著），武藤崇ほか（訳）：ACT（アクセプタンス ＆ コミットメント・セラピー）をはじめる――セルフヘルプのためのワークブック．星和書店，東京，2010.

・鈴木伸一，神村栄一（著），坂野雄二（監修）：実践家のための認知行動療法テクニックガイド――行動変容と認知変容のためのキーポイント．北大路書房，京都，2005.

・William H. George, G. Alan Marlatt：Introduction. In D. Richard Laws（Ed.）：Relapse Prevention Sex Offenders（pp.1-34）. Guilfond Press, New York, 1989.

・William L. Marshall, Dana Anderson, Yolanda Fernandez：Cognitive Behavioural Treatment of Sexual Offenders, Wiley Series in Forensic Clinical Psychology. John Wiley & Sons, New Jersey, 1999.

・William Lamont Marshall, D. R. Laws, Howard E. Barbaree：Handbook of Sexual Assault：Issues, Theories, And Treatment Of The Offender. Springer, Berlin, 1990.

■著者

安藤 久美子（あんどう くみこ）

医師（医学博士）。聖マリアンナ医科大学 神経精神科学教室 准教授。
東京医科歯科大学大学院卒業後，北米に留学し司法精神医学を学ぶ。帰国後は医療少年院にて矯正医療に携わった後，国立精神・神経医療研究センター医療観察病棟および司法精神医学研究部にて司法精神医学／精神鑑定研究に従事した後，2017 年 4 月より現職（2024 年 7 月より、東京医科歯科大学）。専門は司法精神医学，児童精神医学。

中澤 佳奈子（なかざわ かなこ）

臨床心理士・公認心理師（医学博士）。筑波大学人間系特任助教。
早稲田大学大学院修了後，国立精神・神経医療研究センター病院，精神保健研究所司法精神医学研究部にて勤務。在職中に山梨大学大学院医学工学総合研究科を修了。医療法人 Epsylon 水戸メンタルクリニックにて，心理臨床活動の実践を重ね，2022 年より現職。専門は臨床心理学（認知行動療法）。

佐藤 美智子（さとう みちこ）

保育士。国立研究開発法人国立精神・神経医療研究センター病院 研究補助。
藤女子大学人間生活学部卒業。保育士として，東京都内を中心とした子育て支援に従事しながら，司法精神医学分野の研究にも幅広く携わっている。2017 年より現職。

本書の印税は，全額を公益社団法人全国被害者支援ネットワークに寄付する。

SPIRiTS：リカバリーのための性犯罪治療マニュアル

2024 年 5 月 15 日　初版第 1 刷発行

著　　者　安藤　久美子，中澤　佳奈子，佐藤　美智子
発 行 者　石澤　雄司
発 行 所　株式会社　星　和　書　店
　　　　　〒 168-0074　東京都杉並区上高井戸 1-2-5
　　　　　電話　03（3329）0031（営業部）／ 03（3329）0033（編集部）
　　　　　FAX　03（5374）7186（営業部）／ 03（5374）7185（編集部）
　　　　　http://www.seiwa-pb.co.jp
印刷・製本　中央精版印刷株式会社

SPIRiTS ワークブック
パーソナル・リカバリーを支援する

安藤久美子，中澤佳奈子，佐藤美智子 著

B5判　280p　定価：本体 1,800円 + 税

障害のある加害者にも対応可能な性犯罪者治療
プログラムSPIRiTS。全20回のワークを通じ
て再犯防止と社会復帰を支援。イラスト満載で
視覚支援にも配慮したわかりやすい構成となっ
ており、専門家でなくても実施可能である。

精神鑑定への誘い
精神鑑定を行う人のために、精神鑑定を学びたい人のために

安藤久美子 著

A5判　208p　定価：本体 2,200円 + 税

精神鑑定の依頼の受け方から鑑定面接の仕方、
鑑定書の書き方まで、精神鑑定を行うための必
要十分な知識を易しく解説。精神鑑定に直接携
わる専門家だけでなく、一般の方々にも役立つ
ガイドブック。

発行：星和書店　http://www.seiwa-pb.co.jp